ro
ro
ro

ZU DIESEM BUCH

Caroline: Ich bin davon überzeugt, dass Frauen sich manchmal kleiner machen, als sie sind, damit der Mann ein Stärkegefühl hat. Denn es gibt kaum noch Möglichkeiten, die eigene Männlichkeit unter Beweis zu stellen. Die Typen in Deutschland müssen nicht jagen gehen, um ihre Mädchen in den Höhlen mit frischem Fleisch zu versorgen.

Markus: Der Mann kann seine klassische Positionierung entweder nur durch physische Stärke erreichen oder durch beruflichen Erfolg und Kohle. Frauen bekommen für viel mehr Dinge Anerkennung – etwa wenn sie nur Hausfrau sind und ein Kind großziehen. Wenn aber jetzt ein Mann nicht mehr arbeiten will, sich lieber um die Kinder kümmert, dann hat er als Hausmann gesellschaftlich noch immer einen schweren Stand.

Caroline: Das Wort «Hausmann» kannst du gleich durch «Weichei» ersetzen ...

DIE AUTOREN

Caroline Korneli, 1981 in Dresden geboren, wurde mit 20 Jahren zum ersten Mal Mutter und lebt nun zusammen mit dem Vater ihres zweiten Kindes in Berlin. Sie ist Moderatorin beim Radiosender Fritz und außerdem für die MTV News als Außenreporterin tätig.

Markus Kavka, 1967 in Ingolstadt geboren, ist Journalist und Frontmann von MTV. Er produziert und moderiert u. a. die MTV News und verschiedene große Veranstaltungen des Senders.

Caroline Korneli · Markus Kavka

MACH MIR MAL 'NE NUDELSUPPE, BEVOR ICH DICH BESUDEL, PUPPE!

Boys vs. Girls

Rowohlt Taschenbuch Verlag

Originalausgabe
Veröffentlicht im Rowohlt Taschenbuch Verlag,
Reinbek bei Hamburg, August 2007

Aufgezeichnet von Regina Carstensen
Umschlaggestaltung ZERO Werbeagentur, München
(Foto: Martin Langhorst)
Satz Utopia PostScript, PageOne
Gesamtherstellung Clausen & Bosse, Leck
Printed in Germany
ISBN 978 3 499 62276 2

INHALT

MARKUS' VORWORT

Schinkennudeln! Ach, ich weiß gar nicht, wann ich die das letzte Mal gegessen habe. Muss in der Uni-Mensa gewesen sein, im letzten Jahrtausend. Caroline schämte sich fast, mir so etwas aufzutischen, aber als sie da so in der Pfanne brutzelten und ich mich schon auf den Moment freute, in dem ich Ketchup drüberschüttete, da ging mir wahrlich das Herz auf.

Für einen Moment fühlten sich diese Treffen bei Kornelis immer an, als würde der Mann nach der Arbeit heimkommen. Der Sohn wuselt herum, der Hausigel sitzt wie immer in seinem Gehege unter der Baumrinde, Mutti kocht was Leckeres. Ein andermal gab es Steinpilze, die waren auch der Knaller, dazu ein Bier, danach Kekse, was will man mehr?

Wir trafen uns immer abends bei Caroline, das war praktischer, weil dann kein Babysitter gebraucht wurde. Außerdem mussten somit auch nur einmal die technischen Gerätschaften installiert werden, mittels derer man die Gespräche aufzeichnete. Und obwohl zwischen dem einen und dem nächsten Gespräch stets ein Kabel oder ein Stecker fehlte, war der DAT-Recorder dann doch irgendwie immer bereit, sich gut zwei Stunden unser Geplauder einzuverleiben.

Als dieses Projekt an mich herangetragen wurde, war ich zunächst etwas skeptisch. Mehrere Abende über Mann und Frau reden, das Ganze dann protokollieren und als Buch rausbringen – so richtig erschloss sich mir das anfangs nicht. Weil dieses Thema aber schon immer ein Steckenpferd von mir war, ich gleichzeitig adäquate Gesprächspartner(innen) vermisste, war ich flugs Feuer und Flamme. Als es dann darum ging, meinen weiblichen Gegenpart auszuwählen, kam mir rasch Frau Korneli in den Sinn, nicht nur wegen ihrer großen Klappe, ihres Charmes, ihrer Intelligenz und ihres rundum angenehmen Wesens, sondern auch wegen ihres gänzlich anderen Lebensentwurfs. Vierzehn Jahre jünger als ich, dafür aber schon zwei Kinder. Eine dieser neuen Frauen, die alles können und dabei noch phantastisch aussehen. Eine, die Typen wie mich, die vieles versuchen, dabei phasenweise grandios scheitern und zudem an schlechten Tagen auch noch kacke aussehen, so gar nicht brauchen. Eine selbstbewusste Macherin, aufgewachsen im Osten ohne Vater. Und hier ich, aufgewachsen in einem bayerischen Familienidyll, dazu aus einer Generation, der gerne nachgesagt wird, die Ursache für den drastischen Geburtenrückgang zu sein, weil wir biologisch umgepolt sind und absichtlich vergessen hätten, worum es beim menschlichen Überleben eigentlich geht, um die Familie nämlich.

Auf dem Papier also konnten wir gegensätzlicher nicht gepolt sein, aber es war wie so oft, wenn man sich eingehender mit Menschen beschäftigt: Auch in unseren Gesprächen konnte man feststellen, dass die Lichtjahre, die unsere Biographien als Entfernung auswiesen, sehr schnell auf wenige Zentimeter zusammenschrumpften.

Vielleicht hatte der Verlag sich erhofft, dass wir mehr streiten würden, aber zum einen bin ich nicht der richtige Typ dafür, zum anderen entstehen bei einem Miteinander in der Regel brauchbarere Dinge als bei einem Gegeneinander. Es ist keineswegs so, dass ein rundum affirmatives «Find ich auch»-Buch dabei herausgekommen wäre; vielmehr ist es ein Ansatz, wie man all den Hermans, Schirrmachers und Mixas mal ganz entspannt die Luft rauslassen kann. Es gibt nämlich keinen Grund, die Gräben noch tiefer zu ziehen. Stattdessen soll dieses Buch einen Dialog anregen, Denkanstöße geben, denn es kann ziemlich viel Spaß machen, wenn Jungs und Mädchen sich übereinander unterhalten.

Mir persönlich haben diese Gespräche Mut gemacht und geholfen. Fast über zwei Jahrzehnte hinweg wusste ich nicht, wie ich mich als Mann positionieren soll. Die Frauen an meiner Seite haben auch selten gesagt, was sie nicht so gut finden, sie sind immer einfach gegangen. Nach jeder Trennung war ich so schlau wie vorher; kein Wunder, dass ich stets die gleichen Fehler machte. Zumindest in der Theorie habe ich meinen Entwurf für dieses Mann-Frau-Ding jetzt schwarz auf weiß vor mir, ich habe ihn in vielen Stunden herbeigeredet, verfeinert und definiert, und Caroline hat mir dabei geholfen, weil sie mit mir Dinge diskutierte, die sonst nur in Beziehungen erörtert werden, da aber natürlich unter gänzlich anderen Voraussetzungen. Insofern hoffe ich, dass die eine oder andere Passage dieses Buchs sich trotz der unvermeidlichen persönlichen Färbung auf das große Ganze übertragen lässt.

Vielleicht wird also aus «Boys vs. Girls» ganz schnell wieder «Boys with Girls». Fände ich gut.

Ach ja, nochmal zurück zum Essen: Entgegen vermutlich aller Annahmen ist der Titel des Buchs *Mach mir mal 'ne Nudelsuppe, bevor ich dich besudel, Puppe!* nicht von mir, sondern von Caroline. Wie bereits angedeutet, stand das Essen ja ganz von selbst auf dem Tisch.

Vielleicht setzen wir diese Sache in ein paar Jahren fort, Caro trägt dann vermutlich ihr drittes Kind aus, und ich bin immer noch ein großer Freund von Schinkennudeln.

CAROS VORWORT

Das erste Mal fiel mir auf, dass der Mann irgendwie ins Hintertreffen geraten ist, als ich schwangerschaftsbedingt nichts trinken durfte und so in der Disco Gelegenheit hatte, mir Anbahnungsrituale mal genauer anzusehen; die Röcke waren kurz, mein Blick war scharf und unbenebelt, die Musik laut und die Stimmung am Überkochen, als sich ein Mann vorsichtig aus seiner Männergruppe herauslöste und unsicheren Boden betrat.

Er näherte sich, einem jahrtausendealten Ritual folgend, einem Weib, das eindeutige Signale sendete, denn sie hatte außer ihrem Schlüpfer, den jeder sehen konnte, nicht mehr Stoff am Leib, als man benötigt, um damit ein durchschnittliches Baby einzuwickeln. Er steuerte direkt auf die Frau zu – und hat dann was echt Nettes über ihre Ausstrahlung gesagt. Mir schien, ihr Blick war geradezu mitleidig, als sie ihn charmant ans andere Ende des Universums schnipste. Was war nur schiefgelaufen? Hatte er nicht genügend an seinen Erfolg geglaubt? Der Mann war doch zweifellos schön, stark und cool. Aber irgendetwas stand zwischen den beiden. Es war deutlich zu sehen, dass sie nicht mehr darauf wartete, angesprochen zu werden. Sie wollte sich den Kerl, der ihr passte, nehmen. Sie signalisierte, dass ihr die Zukunft gehört; da konnte der Typ noch so niedlich sein.

Als kurze Zeit später die Idee für dieses Buch im Raum stand, hatte ich schon so viel Mitleid mit den Männern, dass ich sofort bereit war, zusammen mit Markus eine Antwort auf folgende Frage zu finden: Sitzt der Mann jetzt wirklich unten auf der Wippe? Zugegeben, es kann heute vorkommen, dass eine Frau darauf besteht, einem Lustmolch selber in die Fresse zu hauen oder selbst schnell im Heizungskeller verschwindet, um Veränderungen an der Tag- und Nachtschaltung vorzunehmen. Aber wollen wir das überhaupt? Ist es nicht schon genug, dass wir Reifen wechseln können, ohne uns schmutzig zu machen, und so mancher Stammtisch vor unserer Trinkfestigkeit erzittert? Ich halt es da lieber mit der Berliner Band «Sender Freie Rakete». In einem ihrer Songs heißt es: «Von Fußball versteh ich nix, is mir auch scheißegal, ich back lieber Kuchen, und mein Mann baut ein Regal.»

Ich war mir auch sicher, dass wir uns unter anderem mit Macho-Klischees auseinandersetzen mussten, aber in Markus hatte ich einen Partner, der die Frauen wirklich versteht. Und ich weiß, wovon ich rede, da wir uns an mehreren Abenden trafen, in einem Abstand von einigen Monaten, und er meine zweite Schwangerschaft und meine Gefühlsschwankungen bis zum neunten Monat mitbekommen hat.

Man lernt also in diesem Buch etwas über Männer und Frauen – und nichts über Nudelsuppe.

MARKUS WIRD EIN MANN

Caroline: Klasse, wir reden über den Mann, über das sogenannte starke Geschlecht. Ich habe gehört, dass der Mann in der Krise stecken soll. Letztens habe ich in einer Zeitung, es war, glaube ich, der Berliner *Tagesspiegel*, eine Karikatur gesehen. Einer jungen Mutter wird von der Hebamme oder Krankenschwester das Kind hingehalten, und zwar mit den Worten: «Tut mir echt leid, aber es ist ein Junge.» Nun sitzen wir hier zusammen und wollen herausfinden, ob der Mann tatsächlich vor dem Abgrund steht. Also, wenn wir schon über Männer – und damit auch über Frauen, ohne die geht es nicht – diskutieren, dann können wir ja mal ganz vorn anfangen. Ich weiß gar nicht, wie du dich zum Kerl gemausert hast.

Markus: Es hat ganz schön lange gedauert, bis der kleine Markus ein Mann wurde. Erst mit 28 ist das passiert, ich kann das sogar ziemlich genau eingrenzen: Herbst 1995. In diesen Monaten erschien von Oasis *(What's The Story) Morning Glory?*, es war die zweite Platte der Band. Schon die erste fand ich klasse: Da stellten sich zwei Brüder aus England einfach auf die Bühne und waren so dermaßen Jungs, dass alles zu spät war. Diese beiden Gallagher-Brüder öffneten mir schlagartig die Augen und gaben mir zu verstehen, dass es vollkommen in Ordnung ist, Mann zu sein. Endlich konnte ich Fußball richtig cool finden, und mich beeindruckte, wie ein Typ wie Noel Gallagher gleichzeitig ein treusorgender Vater sein konnte, der auch gern seine Frau auf Händen trägt, ohne sich dabei zum Löffel zu machen. Man muss sich das mal vorstellen, bis kurz vor 30 wusste ich überhaupt nicht, wie ich mich als Mann gegenüber Frauen verhalten sollte. Vorher war alles ein einziges Herumexperimentieren. Natürlich gab es bei mir keinen Zweifel über meine biologische Ausrichtung, mir war schon klar, was man halt so macht, wenn man ein Mann ist. Aber ich brauchte einige Zeit, um mich entsprechend zu positionieren. Ich habe mich auch gefragt, woran das gelegen haben könnte, doch da ich nie bei einem Psychotherapeuten war, um es herauszufinden, kann ich bis heute keine plausible Antwort darauf geben.

Wenn ich mir meine Kindheit anschaue, kann ich sagen, dass ich zu nicht unwesentlichen Teilen von meinen Großeltern erzogen wurde. Mein Vater, ein Werkzeugmacher, arbeitete sowieso, und meine Mutter war schon recht bald nach meiner Geburt wieder berufstätig. Folglich war ich sehr viel in der Obhut meiner Großeltern. Und sicherlich prägte mich auch, dass ich als kleines Kind ein bisschen behindert war. Ich hatte einen Geburtsfehler, und man bereitete meine Eltern darauf vor, dass ich wohl nie in der Lage sein würde, richtig zu laufen. Die Ärzte haben mich gleich nach der Geburt komplett hüftabwärts eingegipst. Bald wurde ich auch das erste Mal operiert. Wenn ich mich richtig erinnere, na ja, zumindest ist das auf Babyfotos zu sehen, hatte ich lange Zeit ein, meistens zwei

Gipsbeine, die ich dann, wenn ich im Bett lag und zu strampeln anfing, zertrümmerte. Nachher habe ich mir sagen lassen, dass mich das wohl einerseits sensibel, andererseits aber auch ein bisschen zornig gemacht hat. Und als ich dann angefangen habe, mich für Mädchen zu interessieren …

Caroline: … da war der Gips ab?

Markus: Der schon, aber ich hatte schon wieder den nächsten, wegen einer anderen Sache. Im Grunde waren meine ersten Lebensjahre eine Aneinanderreihung von Gipsverbänden. Aber bevor ich es vergesse, es gibt noch eine weitere Sache, die für meine Biographie nicht unwichtig ist: Mein Bruder und ich sind in einem kleinen Dorf in Bayern aufgewachsen, das vielleicht 5000 Einwohner hatte. Meine Mutter, die sehr katholisch ist, erzog uns ziemlich christlich. Regelmäßig ging ich in die Kirche, und, du kannst es dir sicher denken, ich war auch Messdiener.

Caroline: Und aufgeklärt wurdest du natürlich auch nicht von deinen Eltern.

Markus: Klar erkannt.

Caroline: Aber sie haben gesagt: «Markus, das macht ein Junge, das jedoch solltest du besser seinlassen, das gehört sich nicht für einen Buben.»

Markus: Nicht ausdrücklich. Ich kann mich zumindest nicht daran erinnern, dass sie mir irgendwelche Regeln mit auf den Weg gaben. Es war wohl eher so, dass sie mir diese Regeln vorlebten. Ich kann mich noch erinnern, dass die Mann-Frau-Rollenaufteilung bei meinen Eltern sehr klassisch war. Beide sind in den 40er Jahren zur Welt gekommen, und als sie Teenager waren, hatte man noch nicht über Emanzipation gesprochen. Obwohl meine Mutter ja gearbeitet hat, kümmerte sie sich auch noch um den Haushalt, mein Vater wiederum erledigte alles, was mit dem Haus zusammenhing, das sie mit eigenen Händen gebaut haben.

Caroline: Welchen Beruf übte deine Mutter aus?

Markus: Sie war Verwaltungsangestellte im Rathaus. Da die Eltern meines Vaters bei uns lebten, war es unproblematisch, wenn meine Mutter wie auch mein Vater tagsüber arbeiten gingen. Und da die Eltern meiner Mutter nur 300 Meter weiter wohnten, war im Dorf der ganze Familienclan beisammen; mein Bruder und ich sind dadurch sehr behütet aufgewachsen. Wenn ich jetzt so über das Mann-Frau-Verhältnis bei meinem Vater und meiner Mutter nachdenke, dann würde ich sagen, dass meine Eltern einen sehr respektvollen Umgang miteinander hatten. Eigentlich waren sie gleichgestellt und sogar emanzipierter, als ich es heute bei einigen Paaren beobachte.

Mein Vater war weit davon entfernt, ein Macho zu sein. Er ist eher zurückhaltend und zuvorkommend, meine Mutter dagegen temperamentvoller. Vordergründig bestimmte sie, wo es in der Partnerschaft langging, aber mein Vater signalisierte allein durch seine Ruhe, dass er alles im Griff hatte, ohne dass er den Patriarchen rauskehren musste. Ich fand ihr Miteinander immer ganz cool. Auch war ich stolz darauf, dass meine Mutter jobbte, denn die meisten Mütter meiner Freunde mussten nicht arbeiten, die waren ausschließlich Hausfrauen.

Caroline: Und was hat das mit deinem Mannsein zu tun?

Markus: Na ja, ab dem Punkt, an dem ich mich für Mädchen interessierte, also mit zwölf Jahren, habe ich eigentlich sofort auf Frauenversteher gemacht. Ich war nur selten mit Jungen zusammen, die aus Prinzip sagten: «Mädchen sind scheiße!» In meinem Fußballverein kam das ziemlich häufig vor. Wenn meine Freunde und ich etwas unternahmen, etwa auf die Kirmes gingen, waren immer Mädchen dabei. Dafür habe ich gesorgt. Und mit sechzehn, siebzehn fand ich es fad, wenn man sich ausschließlich in einer Jungs-Gang aufhielt, in der nur getrunken wurde und es hieß: «Weiber haben zwischen uns Kerlen nix verloren.» Ich fand Mädchen einfach interessant, wollte wissen, was so in deren Köpfen vorgeht – ohne dass ich gleich mit ihnen ins Bett wollte. Ich stellte ziemlich schnell fest, dass sie auch nur ihre Show abzogen, weil sie sich von uns Jungen abgrenzen wollten. Die meisten von ihnen hatten schon durchschaut, wer von den Jungen ein bisschen nachdenkt oder das zumeist von den Vätern vorgelebte Alphamännchending durchzieht.

Caroline: Und wie sah es mit einer Freundin bei dir aus?

Markus: Es kam, wie es kommen musste – es dauerte ziemlich lange, bis ich eine Freundin hatte. Mit fünfzehn gab es ein paar kleinere Geschichten, die dauerten kaum länger als zwei Wochen, mit Zungenküssen und so, und dann wusste man nicht, wie es weitergehen sollte. Die erste richtige Freundin hatte ich mit sechzehn. Die anderen Jungs behaupteten, sie hätten mit dreizehn, vierzehn das erste Mal mit einem Mädchen geschlafen; aus irgendeinem Grund fand ich das aber ziemlich abstoßend. Ich dachte, wenn ich mit einem Mädchen ins Bett gehe, dann soll es kein Aufriss sein. Ich wollte, dass man sich auch etwas zu sagen hat.

Caroline: Mädchen können es ziemlich doof finden, wenn man sich zu sehr den Kopf über sie zerbricht.

Markus: Ich habe auch versucht, nicht alles zu zerreden. Aber ich wollte kein Arschloch sein. Wenn es Probleme mit einem Mädchen gab, dann sagte ich nicht einfach: «Die blöde Nutte kann mich mal», sondern habe immer versucht, mit ihr über die Schwierigkeiten zu sprechen. Und meinen Freunden versuchte ich klarzumachen, dass es ein bisschen komplexer ist und man sich nicht wie die Axt im Walde durch dieses Beziehungsgeflecht hauen kann.

Caroline: Und das kam bei den Typen an?

Markus: Einige sagten natürlich: «Lass uns doch in Ruhe mit deinem Scheiß», aber meine beiden besten Freunde waren so ähnlich gestrickt wie ich. Schon bald fingen wir an, diese weibliche Seite, die ja offenbar in uns schlummerte, nicht nur in psychologischer Hinsicht anzuerkennen, sondern drückten das auch in unserem Styling aus. In den 80er Jahren war *New Romantic* angesagt, ebenso *Gothic*, eine jugendliche Subkultur, die darauf abzielte, dass Männer ihre weibliche Seite entdeckten. Man schminkte sich, man trug Schmuck, man wollte «soft» rüberkommen. Und als ich in der Gothic-Wave-Szene richtig drin war, da waren mir diese typischen männlichen Verhaltensweisen noch mehr zuwider. Ich färbte meine Haare wasserstoffblond oder blauschwarz und schminkte mich – freiwillig. Das war eine bewusste Entscheidung, ich hätte zur gleichen Zeit auch Ted oder Rockabilly oder Psychobilly werden können, einer von den Jungs, die die harte männliche Fraktion verkörperten. Stattdessen habe ich die androgyne Variante gewählt. Schon sehr früh war ich mir meiner weiblichen Seite bewusst, aber eben erst sehr spät meiner männlichen.

Caroline: Und was ist typisch männlich für dich?

Markus: Gerade bei uns auf dem Dorf wurden Probleme nicht mit Gesprächen geklärt, sondern es gab immer gleich was aufs Maul. In der Disco warteten die Bauernflegel den ganzen Abend darauf, dass man sie anrempelte. Wir waren ihnen in der schwarzen Kleidung, unseren mit Kajal umrandeten Augen und den Ketten um den Hals ein

Dorn im Auge. Wurde ein Song von *The Cure, Soft Cell* oder *Depeche Mode* gespielt, dann wurde entsprechend raumgreifend getanzt, da ging es nicht ohne Stress ab. Schnell hieß es dann: «Oi, gemma naus!» Es gab keine andere Chance, man ging also auf den Parkplatz und wurde vermöbelt. Ich fand diese Schlägereien zunehmend beschissen und fragte mich, ob das so sein müsste, um eine gewisse Stärke zu demonstrieren. Ich habe nie zurückgeschlagen, nur einmal habe ich meinen Bruder rausgehauen, weil einige ältere Jungen ihn richtig in die Mangel genommen hatten. Ansonsten hatte ich keine einzige Prügelei in meinem Leben. Heute denke ich, das Vermöbeln war so ein Dorfding. In der Stadt versucht man nicht, es mit allen jungen Männern aufzunehmen.

Caroline: Ich habe das komplette Gegenprogramm erlebt; nix mit behütet. Ich war mit meiner Mama immer alleine, Familienleben und all das Zeugs gab es nicht. Der Mann an ihrer Seite war verschwunden, lange bevor man gesehen hat, dass meine Mutter mit mir schwanger war. Als sich mein Vater aus dem Staub gemacht hatte, gab es immer mal den einen oder anderen Weggefährten. Aber es war klar, dass man sich von denen nicht reinquatschen ließ. Ich hatte den Eindruck, sie wollte sich denen gegenüber immer durchsetzen. So kann ich mich nicht erinnern, dass von diesen Männern auch nur ein einziger ein persönliches Bild aufgehängt oder ein eigenes Möbelstück mitgebracht hätte. Und es waren einige Männer, die mit uns gelebt haben.

Markus: Und deine Mama ist nie vorübergehend bei einem von ihnen eingezogen?

Caroline: Alle kamen in unsere Wohnung. Es ging ihr wohl darum, coole Spielgefährten zu haben. Und wenn sie dann nicht mehr so cool waren, dann wurden sie auch relativ kühl aussortiert. Komischerweise durfte der nächste Mann immer ziemlich schnell bei uns einziehen, aber, wie gesagt, nicht viel Raum einnehmen.

Ich erinnere mich noch an einen Dialog zwischen meiner Mutter und einem Freund, ich war ungefähr zwölf Jahre alt. Dieser Typ hatte schon länger versucht, zarte Bande zu ihr zu knüpfen. Um das Ganze aber zu intensivieren, stand er eines Tages mit einem Koffer vor der Tür und sagte halb entschuldigend: «Es ist jetzt nicht so schlimm, dass ich jetzt einen Koffer mitgebracht habe, oder?» Meine Mutter sah ihn an und erwiderte: «Nö, wenn du den morgen früh wieder mitnimmst.» Für mich war das normal, ich kannte sie nur so. Mir war wichtig, dass wir ein Team, füreinander da waren; zwei Mädchen, die in einer besonderen Situation lebten. Meine Mutter war neunzehn, als sie mich bekam, deshalb bezeichne ich uns beide als «Mädchen». Immer gab es Schwierigkeiten, mit der Kohle, mit ihren Arbeitsplätzen, die sie öfters wechselte. Zeitweise jobbte sie nachts in einem Krankenhaus, auf der Inneren Station, und die Leute starben ihr unter den Fingern weg. In dieser Phase war sie echt fertig. Eigentlich warteten wir immer darauf, dass der nächste Mann kam, der die Sache wieder zum Laufen brachte und auch mal eine Glühbirne auswechselte.

Markus: Und wie kam der nächste Mann zu euch?

Caroline: Da meine Mutter eine Affinität zum Theater hatte, schleppte sie entsprechend viele Schauspieler an. Einmal ging meine Mutter rüber in den Sophienclub – wir wohnten in der Berliner Sophienstraße direkt gegenüber –, ich war dreizehn und blieb alleine in der Wohnung. Sie traf dort einen Mann und sagte zu ihm: «Wetten, ich kann mehr Tequila vertragen als du!?» Die Legende besagt, dass er 21 Tequila getrunken hat und sie insgesamt 22. Anschließend nahm sie ihn mit nach Hause. Ich wurde wach von einem irrsinnigen Getöse und Gekichere im Hausflur und von ihrem Versuch, den Schlüssel ins Schloss zu stecken. Irgendwann habe ich die Tür von innen geöffnet und ein irrsinnig langer Mann fiel in unsere Wohnung; ich konnte gerade noch beiseitespringen. Eine Minute später rumpelte meine Mutter auf ihn, und da lagen sie nun beide im Flur. Tom, so hieß der Mann, blieb noch eine Weile. Ich fand ihn sehr lustig, er fuhr mit mir Motorrad und schenkte mir einen Army-Rucksack. Wie komme ich bloß darauf, das zu erzählen? Ach ja, weil ich so ganz anders aufgewachsen bin als du.

Markus: Wollte deine Mutter nie heiraten?

Caroline: Sie war strikt dagegen. Es ging ihr allein darum, Gesellschaft zu haben. Von Anfang an bekam ich die Message mit: Männer sind schon toll, aber man sollte sich nicht so intensiv an sie binden. Weil man ihnen nicht so sehr vertrauen kann, muss man selber wissen, wo man steht und was man kann. Männer können gern mitmachen bei all dem, was man so treibt, aber man sollte sich nicht auf sie verlassen. Irgendwann hauen sie ab oder benehmen sich blöd.

Markus: Meine Mutter hat immer den Eindruck vermittelt, dass sie sich auf meinen Papa verlassen und dem auch absolut vertrauen kann. Nie habe ich bei meinen Eltern auch nur ansatzweise eine richtige Krise mitbekommen oder dass sie über Scheidung sprachen; ich weiß auch nichts von irgendwelchen Seitensprüngen. Beide haben sich gesucht und gefunden. Als meine Mutter ziemlich krank wurde, sie hatte Krebs, und in der Klinik lag, wich mein Vater über Wochen und Monate nicht von ihrer Seite. Dadurch erfuhr ich, welch vollkommen unerschütterliche Liebe zwischen ihnen war. Sicher, es gab mal Abende, an denen sie sich gestritten haben, aber dabei ging es nur um Lappalien, nie um Grundsätzliches. Ich habe diese Liebe immer bewundert. In meinem Freundeskreis gab es so viele Scheidungskinder, und fast schien es normal zu sein, dass der Vater hin und wieder in den Puff ging und die Mutter um die Häuser zog. Bei uns zu Hause gab es das alles nicht, und mit Sicherheit hat mich das geprägt. Ich hatte dadurch einen unerschütterlichen Glauben an das Funktionieren einer Beziehung auch über eine sehr lange Zeit – heute sind meine Eltern über 40 Jahre verheiratet. Ich glaubte an eine Beziehung, in der sich beide Partner absolut treu sind und sich mit größtem Respekt behandeln. Das war ein vorgelebtes Beziehungsmodell, das ich mir auch für mich vorstellen konnte. Natürlich nicht, als ich noch jung war. Da wechselten die Frauen öfters, aber das heftete ich unter Jugendliebe und Testphase ab.

Die Freundinnen, die ich zwischen sechzehn und neunzehn hatte, die kamen aus der Szene, in der ich mich bewegte. Man suchte sich in diesem recht enggesteckten Kreis eine Partnerin aus, aber das hatte nichts damit zu tun, dass man jetzt schon die Liebe fürs Leben finden wollte. Diese Beziehungen ging man hauptsächlich aus narzisstischen Gründen ein. Voraussetzung war, dass das Mädchen super aussah und in der Szene anerkannt war, und es war wichtiger, sich mit der Frau öffentlich zu zeigen, als in den eigenen vier Wänden die ganz große Gefühlswelt loszulassen.

Mit neunzehn, kurz nach dem Abitur, fuhr ich am Wochenende mit Freunden in eine Disco nach Nürnberg. Dabei lernte ich ein Mädchen kennen, das erst ein paar Wochen mit meinem besten Freund zusammen war. Wir haben dann viel zu dritt unternommen, und mit der Zeit stellten das Mädchen und ich fest, dass wir uns total zueinander hingezogen fühlten. Für mich war das ganz furchtbar, weil ich mich nicht in die Beziehung meines Freundes einmischen wollte. Ich wartete darauf, dass sie die Initiative ergriff und zu ihm sagte: «Weißt du, es ist alles völlig cool mit dir, aber ich passe besser zu Markus.» Was dann auch geschah.

Ich habe mit ihm danach darüber geredet; er war zuerst am Boden zerstört, aber später hat auch er gesehen, dass wir super zusammenpassten. Zwischen dem Mädchen und mir existierte eine solch unglaubliche Energie; ich war total verliebt, und sie war meine erste richtige Beziehung. Von Anfang an war es so, wie ich es mir vorgestellt hatte. Nach zwei Monaten sind wir zusammen in eine WG gezogen und haben beide in einem Zimmer von achtzehn Quadratmetern gewohnt. Danach nahmen wir uns eine eigene Wohnung – und blieben sechseinhalb Jahre zusammen.

Caroline: Fast wie deine Eltern.

Markus: Ja, genau so. Wir waren völlig verliebt, aber wir konnten uns auch wunderbar unterhalten und Quatsch miteinander machen. Es verbanden uns viele gleiche Interessen, wie etwa die Musik oder ein spezielles Styling. Ihre Familie fand ich spannend, und ihr Bruder wurde mein bester Freund. Nach drei Jahren haben wir uns verlobt, alles steuerte darauf zu, dass wir … wir waren quasi einander schon versprochen.

Caroline: Schon komisch, oder?

Markus: Das fanden auch alle anderen, aber wir waren hoffnungslos romantisch. Ständig fuhren wir irgendwo hin, nach Spanien, Amerika – es waren totale Liebesreisen, und insofern war es nur konsequent, dass wir sagten, wir bleiben für immer zusammen. Wir meinten das auch ganz ernst. Es gab nie eine massive Krise. Und wenn ich in einer festen Beziehung bin – das gilt auch heute noch –, dann kommt es für mich nicht in Frage, dass ich mit einer anderen auch nur rumknutsche.

Caroline: Was heißt hier «auch nur»?

Markus: Das wird gern unter «Kann schon mal passieren» verbucht. Aber ich bin davon überzeugt, dass so etwas nicht passieren muss. Wenn mir jemand erzählt, das sei nur geschehen, weil er besoffen gewesen sei, dann sage ich immer: «Das ist eine Scheiß-Entschuldigung.» Selbst im betrunkenen Zustand macht man grundsätzlich keine anderen Dinge als im nüchternen, nur die Hemmschwelle wird herabgesetzt. Jeder, der nicht kurz vor einer Alkoholvergiftung ist, erinnert sich noch daran, dass er eine Freundin hat. Das kann mir keiner sagen, dass einem das nicht auch mit besoffenem Kopf einfällt. Aber die Bereitschaft, auch nüchtern eine solche Scheiße zu veranstalten, die ist absolut da. Zurück zu mir: Meine Freundin und ich, wir waren uns bedingungslos treu. Nachdem ich dann mein Studium abgeschlossen hatte, erhielt ich ein Angebot von einem Verlag, bei einem neuen Musikmagazin als Redakteur einzusteigen. Da die Zeitschrift in Dortmund herausgebracht wurde, handelte ich mit dem Chefredakteur aus, dass ich meine Probezeit in Dortmund absolvieren würde, danach aber ein Ortsbüro in Nürnberg aufmachen könne, also in der Stadt, in der ich damals wohnte. In den Monaten der Probezeit fuhr ich jedes Wochenende nach Nürnberg, und eigentlich war auch alles immer prima. Nun geschah es, dass der Verlagschef noch vor Ablauf der drei Monate verkündete: «Wir sind pleite, ihr könnt alle nach Hause gehen. Ihr kriegt von mir noch Geld, aber mit dem heutigen Tag ist der Laden dicht.» Nach dieser Ansprache bin ich, ohne vorher zu Hause anzurufen, die 500 Kilometer von Dortmund nach Nürnberg gebrettert, und habe dann, als ich dort ankam, gesehen, dass die Beziehung zu meiner Freundin offenbar nicht mehr existierte.

Caroline: Das heißt, sie war mit einem anderen zugange.

Markus: Es muss schon angefangen haben, bevor ich nach Dortmund ging. Aber als ich weg war, von Montag bis Freitag, da wurde dann so richtig auf die Tube gedrückt. Ich kannte den Typen auch, das war ein guter Kumpel von mir, und ich wusste, dass die beiden viel zusammen unternahmen. Doch da er sechs Jahre jünger war als sie, dachte ich, na ja, das ist halt ein lustiger kleiner Freund, mit dem sie durch die Clubs zieht.

Caroline: Diese Weiber können so krass sein.

Markus: Na ja, lange wusste sie selbst nicht, ob das passierte, weil ich die ganze Zeit weg war oder unsere Beziehung längst nicht mehr so toll war und der Typ nur ein Zeichen dafür, dass sich irgendetwas ändern musste. Wir hatten ja ein fast eheähnliches Leben geführt. Da hat bestimmt auch Torschlusspanik eine Rolle gespielt, wobei ich diese Einschätzung überhaupt nicht teilen konnte. In meinen Augen hatte ich die Frau fürs Leben gefunden. Ich wollte gar keine andere mehr, ich hatte auch nicht das Gefühl, etwas zu verpassen, obwohl es erst meine vierte Freundin war und ich mit der ersten noch nicht einmal geschlafen hatte. Durch die Ehe meiner Eltern glaubte ich, da wäre überhaupt nichts Schlechtes dran, wenn man gern mit der Person zusammenbleiben möchte, mit der man sich versteht.

Caroline: Kann ich mal fragen, was du gemacht hast, als du die beiden gefunden hast?

Markus: Ich war vollkommen vor den Kopf gestoßen und ging sofort zur Tür raus. Anschließend fuhr ich mit dem Auto ein paar Stunden durch Nürnberg, bis ich wieder in unsere Wohnung zurückkehrte. Sie war nicht da und auch telefonisch nicht zu erreichen. Ich übernachtete dort, weil ich nicht wusste, was ich sonst tun sollte, nach Dortmund konnte ich nicht zurück. Eigentlich war es ein bisschen viel, was ich an einem Tag erlebte: Ich hatte den Job verloren, musste erkennen, dass meine Beziehung kaputt war und der Typ sich offenbar schon in unserer Wohnung breitgemacht hatte.

Am nächsten Tag kam sie dann vorbei. Wir saßen erst einmal eine halbe Stunde schweigend beieinander, bis ich sie fragte, wie ich das denn verstehen dürfte. Sie meinte daraufhin: «Ich wollte es dir schon die ganze Zeit sagen, aber es war immer so schön, wenn du am Wochenende da warst. Ich möchte auch gar nicht, dass das, was zwischen uns ist, zerbricht, aber im Moment fühle ich mich zu dem anderen hingezogen. Ich bin total verliebt in den.» Selbst zu diesem Zeitpunkt fiel mir nicht einmal im Traum ein, ihr zu sagen: «Uns kannst du vergessen, ich habe da keinen Bock mehr drauf.» Lange glaubte ich ihr, weil sie immer wieder sagte, das mit dem anderen Typen ginge bald vorbei. Wir waren wieder zusammen, weil ich unbedingt wollte, dass die Beziehung weiterhin existierte. Aber schließlich bin ich nach Berlin zu einem Freund verschwunden, weil ich merkte, dass mich die ganze Situation kaputtmachte. Das schlimmste Dreivierteljahr in meinem Leben folgte; es war nicht nur die Beziehung zerbrochen, auch mein komplettes Lebensmodell war zerstört. Ich hatte überhaupt nicht auf dem Schirm, dass man betrogen und abgeschossen werden kann. Natürlich hatte ich das oft genug bei anderen gesehen, aber ich dachte, dass gerade wir uns nicht gegenseitig bescheißen würden. Wir waren schon so lange zusammen und hatten uns sogar schon Namen für die Kinder überlegt.

Caroline: Meinst du, diese Frau hat nachhaltig Zerstörungsarbeit bei dir geleistet?

Markus: Danach war nichts mehr wie vorher.

Caroline: Klingt ganz schön romantisch. Aber es stimmt schon, dass man auf seinem Weg geprägt wird. Statt heiler Familie waren es bei mir die wechselnden Männer meiner Mutter. Der allererste Typ, der mit mir zusammen war, war auch voller Liebe, und ich glaube, dass ich bei dem, als ich mit ihm Schluss machte, richtig viel kaputtgemacht habe. Dieser Junge, er wollte Schauspieler werden, war wahnsinnig verliebt in mich, und ich fand es auch ganz toll, dass wir zusammen waren, aber irgendwann gab es da noch so viele andere Typen, die ich auch spannend fand. Anfangs war ich schon treu, wir schrieben zusammen Lieder, rannten nachts durch die Straßen und malten Bilder an Wände. Schließlich hat er mich entjungfert, ganz einfühlsam. Immer hat er gesagt: «Wenn du nicht willst, dann hol ich ihn nicht raus.» Irgendwann wollte ich, und ich werde nie vergessen, wie dieser Typ blutüberströmt ins Bad gelaufen ist. Hinterher sagte er, ich bräuchte mir keine Sorgen zu machen. Wir sahen uns dann noch einen Loriot-Film an und gingen in ein Café. Neben einem Stuhl lag auf dem Boden eine Kamera, die wohl jemand vergessen hatte. Wir fotografierten uns gegenseitig, bis der Film voll war. Die Kamera ließen wir zurück, und wir hofften, der Besitzer würde sie dort wiederfinden und den Film entwickeln.

Irgendwann war da noch ein anderer Kerl aus der Theatergruppe, ein echter Sprücheklopfer, also genau das Gegenprogramm. Der war richtig stürmisch und baute mir in meinem Zimmer Regale ein. Ich ließ dann den einen zugunsten des anderen sitzen, auf fieseste und gemeinste Weise, total bescheuert; so arrogant war ich dann nie wieder.

Als ich meinem Freund in einer Nacht sagte, dass es einen anderen gibt, schlief er im Nebenzimmer. Am nächsten Morgen brachte ihn meine Mutter, bei der ich noch wohnte, zum S-Bahnhof. Er weinte. Als sie wieder zurück war, sagte sie: «Was hast du denn mit dem gemacht? Der ist ja völlig fertig.» Dieser Freund schrieb mir anschließend Briefe voller Pathos und Sehnsucht und allem, was man sich nur wünschen kann: «Ich spiele nur noch Moll auf der Klaviatur des Lebens, bitte lass mich auch wieder mal Dur spielen.» Ich habe nie darauf geantwortet, nie die Schönheit dieser Briefe erkannt, weil ich dachte, alle Jungs sind so wie er. Erst im Nachhinein – ich war damals fünfzehn – habe ich geschnallt, wie geil unsere Beziehung gewesen war. Der heißblütige Typ war natürlich schon längst über alle Berge. Jahrelang bin ich meinem Freund nach diesem Irrtum hinterhergestiegen; ich habe bestimmt fünf Jahre versucht, ihn zurückzugewinnen, und einiges ertragen müssen. Er hat mich leidenschaftlich gehasst. Ich habe daraus gelernt, so etwas nie wieder jemandem anzutun. Nie wieder. Als ich später den Versuch machte, mit ihm zu telefonieren, meinte er nur: «Du bist ein Zeitdieb», und bevor er auflegte, beschimpfte er mich noch.

2005 fuhr ich nach Weimar, um meinen früheren Freund auf der Bühne zu sehen. Er ist ein grandioser Schauspieler geworden, ich war stolz auf ihn. Und in diesem Moment wusste ich auch, dass wir für immer oder wenigstens für viele Jahre hätten zusammenbleiben können, wenn ich nicht so scheiße gewesen wäre. Ich mache mir da keinen Vorwurf, aber es wäre cooler gewesen, wenn ich mich nicht mit diesem Macho-Typen eingelassen hätte. Damals war ich 'ne Schlampe, so eine Schlampe wie das Mädchen, das dir das Herz herausgerissen hat.

Markus: Wobei ich ihr bis zum heutigen Tag gar keine böse Absicht unterstelle; ich würde sogar sagen, dass sie mir überhaupt nicht weh tun wollte. Unsere Beziehung hätte schon längst von uns beiden hinterfragt werden müssen, aber es hat bestimmt ein Jahr gebraucht, bis ich das verstanden hatte. Erst nachdem der Schmerz überwunden war, konnte ich erkennen, wie fixiert ich darauf war, sie zu heiraten. Die Defizite unseres Zusammenseins hatte ich schon lange nicht mehr wahrgenommen, und letztlich war ich froh, dass die Beziehung vorbei war. Unglücklich war nur die Art und Weise, wie die Trennung ablief, ihr ewiges Zaudern. Als ich in Berlin war, haben wir anfangs noch jeden Tag miteinander telefoniert, obwohl eigentlich Schluss war. Immer hieß es: «Ich rufe dich morgen Abend wieder an.» Dann bin ich extra gegen sechs Uhr zu Hause gewesen und hockte vor dem Telefon, bis mir die Augen zufielen. Ich selber traute mich nie, bei ihr anzurufen, weil ich Angst davor hatte, der Typ könnte bei ihr sein. Jeden Tag schrieb ich ihr eine Postkarte – ich habe gelitten wie ein Hund. An irgendeinem Punkt konnte ich überhaupt nicht mehr schlafen, mein Kopf schien zu platzen, alles tat weh. Ich musste schlafen. Also fing ich an, Alkohol zu trinken, was ich vorher nie gemacht hatte, erst Bier, dann Rotwein. Als dieser auch nicht mehr richtig knallte, begann ich, Schlaftabletten und Rotwein zusammen einzunehmen.

Die Spirale drehte sich immer weiter, ich konnte sie überhaupt nicht aufhalten. Ich tat nichts anderes, als mich zu betäuben und auf diesen Anruf von ihr zu warten. Ich lief nur noch ferngesteuert durch Berlin. Eines Tages ging ich ins Café Morena in Kreuzberg. Dort ging ich immer früh hin, wenn ich überhaupt nicht schlafen konnte, auch nicht um neun Uhr morgens, nach einer langen Nacht im Club. Ich saß da, und plötzlich wurde eine Platte gespielt, die meine Ex und ich immer gehört hatten. Drei Stunden saß ich im Morena und habe geheult. Und weil das Café voll war und ich mich schämte, starrte ich dabei meist aus dem Fenster und bewegte mich keinen Millimeter. Schließlich ging draußen ein Mädchen vorbei, das mich flennen sah. Sie kam ins Café und meinte zu mir: «Du sollst jetzt aber nicht mehr heulen», und danach fragte sie mich, ob wir uns abends sehen wollten. «Nö, kann nicht», sagte ich. Das Mädchen kam aber jeden Tag ins Morena, und nach zwei Wochen verabredete ich mich schließlich mit ihr. Dadurch kam ich zum ersten Mal auf andere Gedanken. Kurze Zeit später rief ein Verlag aus München an und meinte: «Wir haben einen Job für dich, in zwei Wochen kannst du bei uns anfangen.» Das war dann meine Rettung. Nach dieser Rosskur begriff ich, dass die Trennung eine positive Weiterentwicklung für mich bedeutete, dass dieses Lebensmodell, das mir meine Eltern vorgelebt hatten, scheinbar nicht mehr funktioniert.

Caroline: In dieser Gesellschaft oder speziell bei dir?

Markus: Ich denke, es funktioniert grundsätzlich nicht zwischen Mann und Frau. Ich meine damit dieses Modell des Zusammenbleibens für immer, eben das, was meine Eltern mir vorgelebt haben. Monogamie, Treue, um die Beziehung kämpfen, auch da bleiben, wenn es mal nicht so gut läuft – das alles erschien mir mit einem Schlag nicht mehr zeitgemäß. Na ja, jedenfalls kam es dann so, wie es kommen musste, ähnlich wie bei dir. Wochenlang heulte mir meine Freundin die Ohren voll, weil der Typ, mit dem sie etwas angefangen hatte, dieser Jüngling, ein Arsch war und sie beschissen behandelte.

Caroline: Hat dir denn niemand eine Ohrfeige dafür gegeben, dass du dir das alles angehört hast?

Markus: Ich wollte es auch nicht hören, aber ich war damals ein unfassbar devoter – na ja, devot vielleicht nicht …

Caroline: Komm, du kannst es ruhig sagen, es ist ja jetzt vorbei.

Markus: Eigentlich hatte ich alles ganz gut auf die Kette bekommen, hatte auch mein eigenes Ding durchgezogen, ohne mich voll und ganz in dieser Beziehung aufzuopfern. Aber noch heute ist es bei mir so, dass ich, wenn ich sehr verliebt bin, mein Herz zur freien Verfügung auf dem Silbertablett überreiche.

Caroline: Und das machst du weiterhin? Selbst nach dieser Erfahrung? Obwohl du gerade eben gesagt hast, dass du das Beziehungsmodell deiner Eltern für null und nichtig erklärt hast?

Markus: Ich müsste mich zwingen, das nicht zu tun. Immerhin habe ich nach dieser Nummer gelernt, dass ich echt vorsichtiger sein sollte. Zwei Jahre hatte ich keine Beziehung, nur noch Affären und One-Night-Stands. Ich fand das großartig, das war meine hedonistische Phase. Und ich war auch richtig scheiße zu Mädchen. Nie hätte ich gedacht, dass ich jemals so ein richtiges Arschloch sein könnte. Es gab Situationen, da bin ich mit einem Mädchen, das ich gerade in einem Club kennengelernt hatte, zu ihr nach Hause gegangen und habe mit der Frau gepoppt. Schlief sie danach ein, bin ich einfach gegangen, ohne mich zu verabschieden oder gar eine Nummer zu hinterlassen.

Caroline: Ich behaupte, dass du es deiner Ex zu verdanken hast, dass du dich so uncool zu Frauen verhieltest. Du hast dich einfach wahllos an ihnen gerächt.

Markus: Ich weiß nicht, ob es generell Rache war. Ich wollte Herr über die Situation sein, ich wollte alles bestimmen, ich wollte mich in keiner Weise verletzbar machen. Wahrscheinlich reagierte ich so, wie man das von einem «typischen» Mann erwartet. Aber meiner Erfahrung nach funktionieren Frauen ähnlich, wenn sie Männer nicht an sich ranlassen wollen.

Ich machte in dieser Zeit auch eine merkwürdige Entdeckung. In meiner langen Beziehung hatten sich zwar schon immer mal andere Mädchen für mich interessiert, aber was ich dann in diesen zwei Jahren mit meiner Arschlochnummer an Zulauf hatte, das war wirklich erstaunlich. Und je beschissener ich die Frauen behandelte, umso mehr legten sie sich ins Zeug.

Caroline: Ich würde das sofort unterschreiben. Je blöder du dich benimmst, umso größer ist dein Erfolg. Das geht bei uns Frauen auch nicht anders ab; doch jedes Mal, wenn ich so etwas erlebt hatte, fühlte ich mich wie vor den Kopf gestoßen.

KÖNNEN TYPEN IHRE MÄDCHEN IN DER HÖHLE NOCH MIT FRISCHFLEISCH VERSORGEN?

Caroline: Dass Frauen die Zukunft gehören wird, ist für mich eine hohle Phrase. Frauen können unheimlich viel, manchmal sicher auch viel mehr als Männer. Aber warum sollten die sich ihre Privilegien, ihren Status wegnehmen lassen? Irgendwer muss sich ja noch um die Kinder kümmern.

Markus: Ich möchte das auch.

Caroline: Du willst dich um die Kinder kümmern?

Markus: Ja, gleichberechtigt mit meiner Frau.

Caroline: Dann lass dir schon mal Titten wachsen.

Markus: Okay, okay.

Caroline: Ich glaube nicht daran, dass sich der Mann aus dem Vorstand von BMW verdrängen lässt. Bislang war er schlau genug, sich das nicht wegnehmen zu lassen.

Markus: Aber vielleicht möchte er da bald gar nicht mehr sein.

Caroline: Wieso sollte er da nicht mehr sein wollen? Der Mann wollte immer den Führungsanspruch haben, außer vielleicht in matriarchalen Gesellschaften, in denen Frauen alles gemacht haben und die Männer nur kurz zum Zeugen in die Hütte gelassen wurden – was aber wohl auch eher nur ein Mythos ist. Ansonsten war immer das Patriarchat angesagt.

Markus: Gut, wenn man die biologischen Voraussetzungen mal beiseitelässt, ich also nie in meinem Leben Kinder kriegen werde: Willst du, dass das Patriarchat fortbesteht?

Caroline: Nee, es ist ja auch schon im Auflösen begriffen. Vielleicht gibt es dann endlich mal ein gutes Miteinander, bei dem man Frauen auch Frauen sein lässt, gerade wenn sie ein bisschen wilder sind, wenn sie mit ihrer Kraft und Wucht alles in die Waagschale werfen. Letzten Sonntag zum Beispiel, da musste ich mir am Frühstückstisch so einiges von meinem Freund anhören. Er sagte irgendwas Freches, was, das habe ich schon wieder vergessen. Ich meinte daraufhin: «Das nimmst du jetzt zurück, oder du hast ein Brötchen im Gesicht.» Er fand das offenbar lustig und glaubte anscheinend auch nicht an das Brötchen, kurzum, er wiederholte die freche Bemerkung. Ich habe ihm daraufhin das Brötchen sofort ins Gesicht geworfen, und weil es so schön war und noch viel zum Essen auf dem Tisch lag, schmiss ich alles andere hinterher. Wütend wie ich war, tigerte ich eine Weile in der Wohnung herum, kam dann zurück in die Küche und setzte mich wieder an den Tisch. Er befreite sich noch immer von den Essensresten, sagte aber nichts, weil er genau wusste, dass ich ihn gewarnt hatte und im Recht war. Was ich damit zum Ausdruck bringen will: Wenn du dir eine wilde Frau nimmst, dann wirst du sie nicht grundlos beleidigen, wenn du nicht mit Brötchen beworfen werden willst. Dies verstehe ich als absolute Gleichberechtigung, und deshalb fühle ich mich überhaupt nicht unterdrückt.

Markus: In dem, was du da gerade gesagt hast, liegt für mich der Schlüssel. Es geht nicht darum, sein Ding durchzuziehen und sich möglichst darauf zu konzentrieren, vorwiegend Mann zu sein. Wichtig ist es, einen Dialog anzuregen, und dann kann vieles auf gleicher Ebene funktionieren. Aber noch ist es so, dass Männer mit ihren beiden Kindern an der Hand auf dem Spielplatz Kollwitzplatz im Prenzlauer Berg …

Caroline: Unglaublich sexy, oder?

Markus: … komisch angeguckt werden. Mag sein, dass sie für dich sexy wirken, aber da ist immer noch dieser Blick: «Na, wo ist denn die Mama?» Es gibt mehr und mehr Männer, die folgendes Problem lösen müssen: Natürlich wollen sie auf der einen Seite mit ihrem Schotter eine Familie ernähren können, andererseits wollen sie ihren Kindern nicht nur beim Weggehen und Nachhausekommen ein «Hallo» zurufen. Sie wollen ihre Kinder kennen, die sollen mitkriegen, dass sie einen Vater haben.

Caroline: Anfangs ging ich davon aus, dass es verdammt schwer ist, heute ein Mann zu sein. Was der Mann nicht alles beachten muss: Er soll verständnisvoll sein, zärtlich, darf keinem auf den Schlips treten, und männlich muss er auch noch sein. Aber ich möchte das ein wenig relativieren, denn der Mann zieht auch weiterhin sein Ding durch, trotz des neuen Anforderungsprofils. Der neue Mann – ich bin nicht davon überzeugt, dass es ihn gibt. Und ich weiß auch nicht, ob Männer sich vollkommen umorientieren sollen. Im Prinzip können sie ruhig so bleiben, wie sie sind. Sollen sie sich doch weiterhin mit haarigen Kumpels in einer Sportbar treffen, ihrem Bierkonsum frönen, kiffen oder was sie sonst so brauchen. Ein Mann soll einfach eigenständig sein und mir das Gefühl geben, dass ich mich da irgendwie ankuscheln kann. Aber das Geile ist, dass auch ich bereit bin, jemandem Nestwärme zu geben, ihn in meine Arme zu nehmen und ihm zu vermitteln, dass ich jederzeit bereit wäre, uns zu ernähren.

Markus: Ein paar Sachen sind sicher zwischen Frau und Mann geregelt. Wenn du beispielsweise das Gurkenglas nicht aufkriegst, dann mache ich das, ohne darauf zu verweisen, was für ein Riesenfass ich gerade geöffnet habe.

Caroline: Bei dir würde ich nie erwarten, dass du dir deswegen auf die Brust trommelst.

Markus: Stimmt, das war auch nie so mein Ding. Wenn meine Füße wärmer sind als deine, dann bekommst du was von meiner Wärme ab. Aber ich finde, dass sich die

Männer aus den etablierten Bereichen mehr zurückziehen könnten. Wobei es mir nicht darum geht, dass sich der Mann Richtung Frau orientiert; ich habe eher eine größere Ausgeglichenheit innerhalb der Familie im Blick. Väter gehören einfach mehr nach Hause.

Caroline: Echt?

Markus: Aber wie geht das? Wahrscheinlich müsste man die Angebote an Teilzeitjobs für Männer erhöhen.

Caroline: Aber ganz ehrlich: Ich bin mit dem Vater meines ersten Kindes ganz bewusst nicht zusammengezogen. Ich war damals 20, und bei der Vorstellung, ab jetzt immer nur zusammen Abendbrot zu essen, überhaupt ständig beieinanderzuhocken, kam mir das kalte Kotzen. Ein solches Lebensmodell habe ich weit von mir gewiesen. Mir war wichtig, dass es da einen Mann gibt, den Vater meines Kindes, der mich ein wenig seelisch und finanziell unterstützt. Mir war aber auch wichtig, wenn nicht noch wichtiger, dass ich meinen eigenen Platz habe, dass er mir nicht die ganze Zeit auf der Pelle liegt. Wenn ich es jetzt wage, mit dem Vater meines zweiten Kindes, mit dem ich gerade schwanger bin, eine Wohnung zu teilen, so liegt das daran, dass ich ihm mehr Teamgeist zutraue. Aber ich muss mir nichts vormachen: Wenn er sechs Wochen jobmäßig unterwegs ist, dann bin ich auch ganz froh darüber. Vielleicht nicht wirklich froh, aber es ist auch nicht so, dass ich jeden Tag mit ihm telefonieren muss und heule, dass ich alleine nicht klarkomme.

CARO ÜBER DAS ZUSAMMENLEBEN

Frauen sind intelligenter als Männer. Das ist wissenschaftlich bewiesen. Aber davon wird die Küche auch nicht sauber.
JERRY LEWIS

Wenn man sich entschließt, mit einem Mann zusammenzuziehen, will das gut überlegt sein. Immerhin ist es ein Unterschied, ob man das Bett nur gelegentlich teilt oder ob man jede Nacht mit anhören möchte, wie der Nasennebenhöhlenpatient in der anderen Betthälfte Geräusche macht wie ein sterbender Orang-Utan. Des Weiteren lernt man vielleicht Seiten des Partners kennen, auf die man gerne verzichten könnte: Man entdeckt Haare, die ihr Zuhause verloren haben und sich dann alle auf dem Badezimmerboden zu einer wilden Party wiederfinden – Haare, Haare, Haare!!!

Wenn man allein wohnt, dann hat man sich lieb, wie man ist, und die eigenen Hygienevorstellungen sind Gesetz. Und wenn man's gar nicht mehr aushält, dann kann man ja mal 'ne Wäsche machen oder sich durchringen, Schlüpper aus den frühen 90er Jahren zu entsorgen. Auch der beherzte Griff in den Abfluss, bei dem man verlorengegangene Dinge wiederfindet, die kaum noch zu identifizieren sind, kann ein feiner Spaß sein. Aber doch nicht jeden Monat!

Jeder hat eben seinen gemütlichen Dreck, seine Sammelleidenschaft und mithin seinen Kaffee im Kühlschrank.

Aber zu zweit will alles fein abgestimmt sein; da gibt es auf einmal eine Diskussion über so etwas Praktisches wie ein Strümpfe-Auffanglager. Und das macht Sinn, denn auf diese Art werden zueinandergehörende Strümpfe auch wieder vereint. Ansonsten gäbe es ja ein heilloses Durcheinander, und man trüge an seinen Füßen Strümpfe aus verschiedenen Epochen, in verschiedener Färbung und – herrje – aus verschiedenen Materialien. Fragt sich nur, ob die Steinzeitfrau auch schon drauf bestanden hat, dass ihr Mann gefälligst nicht einen Strumpf aus Mammutdarm und einen aus Schlangenleder trug.

Ordnung muss sein. Selbst an den absurdesten Orten, zum Beispiel in dem Raum, in dem das Werkzeug wohnt – heißt er nicht Heizungskeller? –, ist dies vonnöten. Hier tummeln sich Schrauben, Muttern und Eckenhobel. Aber wehe, es verläuft sich eine 16,2-mm-Schraube in die gut leserlich beschriftete kleine Vorrichtung für die 10-mm-Schrauben! Denn wenn man die zu lange im falschen Kästchen lässt, könnten die sich verlieben. Und ehe man sich's versieht, ist alles voll mit 26,2-mm-Schrauben.

Gut, ich zog zusammen und lernte. Ich lernte, mich an Verfallsdaten zu orientieren, ich lernte, dass es durchaus Vorzüge hat, wenn meine Söhne und ich nicht denselben Klamottenschrank teilen. Ich lernte aber auch das Gefühl des Friedens kennen, das ein sterbender Orang-Utan auslösen kann. Und die Haare auf dem Badezimmer-Fußboden sind jetzt meine Freunde – ich lege einfach ein paar von meinen dazu.

Ich empfehle aber vor dem Zusammenziehen, sich mal 'ne Woche zu zweit in einem begehbaren Kleiderschrank einzuschließen, um einfach zu sehen, was passiert.

Grundsätzliches:

Aus leidgeprüften Boxen pumpert es krachig.

Glücklich ist, wer sein Bad abschließen kann.

Leere Bierkisten sind keine Möbel.

Ein Bidet umgibt sich mit der Aura von feinstem Luxus, ist aber nur ein hässliches Ding, das sich komplett von seinem Gebrauchswert emanzipiert hat und ständig entweder mit einem Wasserspender oder mit einem Pissbecken verwechselt wird.

Und wo die Liebe nicht wohnt, da fühlt sich auch ein Küchenrollenhalter nicht wohl.

MARKUS ÜBER DAS ZUSAMMENLEBEN

Ich gestehe, dass ich mich seit jeher lieber in Mädchen- als in Jungswohnungen aufgehalten habe. Bei Mädchen sieht es hübscher aus, es riecht auch besser. Und weil ich als Mann alleine nicht in der Lage bin, eine derartige Wohlfühlatmosphäre in meine vier Wände zu zaubern, bin ich ein großer Freund des Zusammenziehens.

Bevor meine jetzige Freundin bei mir eingezogen ist, sah und roch man an allen Ecken und Enden, dass hier ein Mann alleine wohnt.

Zum Beispiel im Kühlschrank und in der Küche: das Gefrierfach voll mit Fertigdreck, ansonsten nur Abgepacktes, Alkoholika und Ketchup, also im Prinzip ausschließlich Dinge, die man an der Tanke bekommt. Frische Sachen gab es nie, stattdessen schaffte ich es regelmäßig, durch eine zu lange geöffnete rumstehende H-Milch unangenehmen Geruch zu erzeugen. Jetzt freue ich mich über Obst, Gemüse, Joghurt und viele andere wohlschmeckende und gesunde Dinge mit begrenzter Haltbarkeit.

Aufgestockt wurde auch der Geschirrfundus, das zusammengewürfelte Besteck wich einem schicken Service, sogar einen Dosenöffner gibt es jetzt, weil ich mich schämte, wenn ich den Konserven vor den Augen meiner Freundin mit Hammer und Schraubenzieher zu Leibe rückte.

Im Wohnraum: Wenn ich durch IKEA laufe, sieht man in der Deko-Kleinkram-Abteilung von mir eigentlich nur einen Kondensstreifen. Döschen? Körbchen? Blumenvasen? Schüsselchen? Schächtelchen? Servietten? Wofür das alles? Schnell durch hier. Mein Mädchen allerdings bekommt beim Anblick dieser Dinge immer ganz strahlende Augen, und auch ich habe die pinkfarbenen Plastikkörbe und all die anderen bunten, dekorativen Elemente in unserer Wohnung nach und nach lieben gelernt. Darüber hinaus habe ich verstanden, dass der Fußboden kein guter Platz ist, um darauf Hunderte von Schallplatten und Büchern abzulegen, denn genau dafür wurden eigentlich Regale erfunden – die auszusuchen und zusammenzubauen überdies saumäßig Spaß macht.

Im Schlafraum: Ich sehe mittlerweile ein, dass zwei Garnituren Bettwäsche nicht ausreichend sind; Schwarz und Dunkelblau sind auch öde Farben. Es macht viel mehr Spaß, in hellblauer Bettwäsche mit Schmetterlingen oder in weißer mit Stickverzierungen zu schlafen. Auch eine Lampe neben dem Bettchen ist sinnvoll, genauso wie ein Kleiderschrank, weil man andernfalls im Wäscheberg am Bettende irgendwann nichts mehr findet.

Im Bad: Alleine die Auflistung der seit dem Zusammenziehen getätigten Anschaffungen lässt erahnen, wie muggelig mein Bad vorher war: bunte Badewannen-, Dusch- und Toilettenvorleger, Zahnputzbecher, Stauraum für Handtücher, eine vernünftige Badlampe anstelle eines Kabels mit Glühbirne dran, Weichspüler, Bademäntel …

Ich könnte jetzt unken und sagen, dass in all meinen früheren Beziehungen das Zusammenziehen als der Anfang vom Ende galt, dass Zusammenwohnen der Sexkiller schlechthin ist und man sich sowieso aufgrund diverser Marotten und schlechter Angewohnheiten irgendwann so dermaßen auf den Sack geht, dass man sogar über getrennte Schlafzimmer nachdenkt. Falsch! Denn Dinge wie Kochen, Putzen, Aufräumen, Möbelrücken, Rumhängen und nicht zuletzt Sex entfalten nur unter einem gemeinsamen Dach ihre wahre Schönheit und Bestimmung.

Markus: Kein Wunder, bei deiner Mama und der Erfahrung, mit einem Kind notfalls alles selber stemmen zu können. Du lebst mit deinem Kind – erst unfreiwillig und dann aus Überzeugung – vollkommen autark.

Caroline: Als ich feststellte, dass ich zum zweiten Mal schwanger war, da habe ich mir nicht gesagt: «Oh, ein zweites Kind, jetzt muss der Mann aber mal bleiben.» Ich habe mir überlegt, ob in meinem Leben Platz für ein zweites Kind ist. Könnte ich die beiden Kiddies und mich ernähren? Und als ich das mit einem Ja beantworten konnte, habe ich mich dazu entschlossen, dieses Kind zu bekommen – eine Überlegung, die man unbedingt anstellen sollte, wenn man ein Baby erwartet. Könnte ich dieses Kind auch ohne den Mann großziehen? Würde ich da nicht mit wehenden Fahnen untergehen?

Markus: Diese Fragen kannst du dir stellen, ich aber nicht. Ich kann nicht die Entscheidung darüber treffen, ob ich ein Kind allein großziehen könnte.

Caroline: Ich habe zuvor vollmundig behauptet, dass die Mutter bei Kindern der wichtigere Part ist. Aber ich will damit keineswegs Männer diskriminieren. Es gibt so viele tolle und kluge Männer, von denen man sich eine ganze Menge abgucken kann. Man kann mit ihnen riesigen Spaß haben, in der Kiste zum Beispiel, aber auch sonst. Ich finde Männer einfach klasse, ich fand auch schon Jungs immer gut.

Markus: Bist du eigentlich der Meinung, dass sich die Männer in den letzten zehn, fünfzehn Jahren verändert haben?

Caroline: Na ja, ich bin jetzt 25, da kann ich das nicht so richtig beurteilen.

Markus: Es lief vor einigen Monaten ein Männermagazin im Fernsehen an, das Werbung damit machte, dass Frauen ins Fußballstadion gehen und Männer zu Hause bleiben.

Caroline: Tatsache? Frauen gehen ins Stadion? Was machen die denn da? Ich weiß nicht, was ich in einem solchen Stadion soll, aber grundsätzlich finde ich es gut, wenn der Mann sich mehr zu Hause aufhält. Das Coole an einem solchen Typen ist, dass er auf die Kinder aufpasst, während man es sich selbst erlauben kann, rauszugehen. Man kann ein bisschen wild und frei sein, während der Mann im Heim die Nudelsuppe kocht. Ich weiß eine sehr schöne Geschichte, die mir ein Freund neulich erzählt hat, über Tage hat sie mir ein warmes Gefühl gegeben. Er bekam Besuch von einem schwangeren Mädchen aus Estland, das sich sein Auto borgte. In diesem fuhr sie mit dem Vater des Kindes, den sie auch gleich mitgebracht hatte, eine Woche quer durch Deutschland. Der Typ war übrigens verheiratet, aber nicht mit dem Mädchen.

Als die beiden nach dieser Woche das Auto abgaben, schaute mein Freund auf den Tacho und stellte fest, dass sie 4000 Kilometer gefahren waren. «Was habt ihr denn die ganze Zeit gemacht?», fragte er. «Wir sind gefahren und haben geredet», antwortete das Mädchen. «Und was ist dabei rumgekommen?» – «Es ist viel zu kompliziert mit ihm.» – «Aber du kriegst doch ein Kind von diesem Mann?» Daraufhin sagte die Estin: «Ach, wer braucht ihn?!» Herrlich, da sitzt diese Frau 4000 Kilometer mit dem Mann in einem Auto, um festzustellen, dass sie diesen Typen nicht nötig hat. Er ist zu seiner Ehefrau zurückgekehrt, und sie, mit seiner Brut im Bauch, auf den Bauernhof ihrer Eltern. Das ist für mich die größte Errungenschaft – dass Frauen es geschafft haben, derartige Entscheidungen treffen zu können. Ich weiß nicht, ob die Feministinnen einen solchen Plan hatten, aber wenn sie ihn gehabt haben, dann können sie jetzt aufhören zu kämpfen. Wozu alles umkehren? Wozu Männer unterdrücken? Das ist doch vollkommener Schwachsinn. Man kann Männer nicht dazu zwingen, ständig zu Hause zu sein. Und Frauen sind doch gern in den eigenen vier Wänden und schmeißen mit Vorliebe den Laden. Ich besorge die Blumen und weiß, dass ich für die Mädchendinge zuständig bin.

Markus: Immerhin haben die Männer grundsätzlich schon mal gerafft, dass sie nicht mehr weiter auf die Frauen draufhauen dürfen. Das war schon immer asozial, dennoch gab es Zeiten, in denen ich das Gefühl hatte, dass es gesellschaftlich wesentlich mehr geduldet wurde, als dies Gott sei Dank heutzutage der Fall ist. Aber ich muss ehrlich sagen, dass sich mein Mannsein in den letzten 15, 20 Jahren weitestgehend als eine Reaktion auf die Frau gestaltet hat. Ich habe in dieser Zeit nie für mich selbst beschlossen, mich so oder so zu verhalten. Es war stets ein Abchecken: Wie reagiert die Frau auf mein Handeln, findet sie das gut, findet sie das nicht gut? Und entsprechend habe ich meine Verhaltensweisen geändert.

Caroline: Dann wären wir schon mal kein Paar geworden.

Markus: Eigentlich absolvierte ich ein sehr, sehr langes Versuchsprogramm, um heute an einem Punkt angelangt zu sein, an dem ich schon vor 20 Jahren sein wollte. Die Mutter einer Exfreundin sagte einmal zu mir, als mit ihrer Tochter Schluss war: «Markus, im Grunde hattet ihr beide keine Chance, weil ihr einer Generation angehört, die vor einer geradezu unlösbaren Aufgabe steht. Ihr müsst das Frau-Mann-Bild eurer Eltern, also das, was in den 50er und 60er Jahren vorgelebt wurde, mit dem, was in den späten 60ern, 70ern durch die Emanzipations- und Feminismusdebatte hochkam, verbinden. Das ist eine Aufgabe, der man eigentlich sein ganzes Leben widmen müsste. Und ihr versucht nun, eine vernünftige Mitte zu finden, um was Brauchbares an die nächsten Generationen weiterzugeben. Kein Wunder, dass darüber so manche Beziehung in die Brüche geht.»

Ich dachte lange über diese Äußerung nach und fand, dass an dieser Feststellung etwas Wahres dran war. Ich hatte mich doch immer an den Frauen, mit denen ich zusammen war, gerieben. Sie wussten ja selbst nicht, wie sehr ich Mann sein sollte, wie weit ich ein Frauenversteher und Metrosexueller sein durfte, also einer, der sich chic machte und seine weibliche Seite offensiv mit irgendwelchen Chiffonhemdchen und Strähnen in den Haaren nach außen trug, ohne dabei schwul zu sein. Aber es fing schon bei Kleinigkeiten im Alltag an. Statt *ran* guckte man dann *Melrose Place*, und statt der Bayern-München-Bettwäsche wurde man dazu überredet, einfarbige draufzuziehen. Und irgendwann lag ich zwischen rosenbestickten Satinlaken – und ich schlief auch noch gut darin.

Caroline: Dazu muss ich sagen, dass ich auch schon mal in Bayern-München-Bettwäsche gepennt habe. In diesem Fall war es ein Kompromiss von mir. Aber wie sollen Männer denn damit klarkommen, wenn sie sich auf einmal Strähnchen machen? Würde mein Freund damit anfangen, würde ich dem aber was erzählen. Männer stehen auch nicht darauf, wenn Frauen sich entweiblichen und nur noch im Blaumann und mit Öl an den Fingern rumrennen.

Markus: Bei meiner Selbstfindung wurde mir klar, dass die Zeiten meines Großvaters und meines Vaters endgültig vorbei waren. Gleichzeitig dachte ich, dass die Dinge, die von den Feministinnen gefordert wurden, im Ansatz eine prima Sache seien. Aber wie die Männer von ihnen dargestellt wurden und wie sie laut ihren Vorstellungen sein sollten, das konnte ich nicht zu 100 Prozent unterschreiben. Ich war doch keine Frau! Es passierte zwar, dass einem die Freundin die Fußnägel rot lackierte, weil sie das süß fand. Und einen Augenblick lang überlegte ich, ob ich das in Ordnung finde. Schließlich sagte ich zu mir: «Okay, dann hast du eben rote Fußnägel.» Aber wenn du zum Fußballspielen gehst und vergisst, dass deine Zehen bemalt sind, und du ziehst vor deinen Mannschaftskollegen die Socken aus, dann sagten die natürlich: «Was ist denn mit dir los?»

Caroline: Und in diesem Moment antwortest du nicht: «Mein Mädchen hat mir die Fußnägel lackiert», sondern du gibst ihnen zu verstehen, dass du sie dir selber angemalt hast.

Markus: Ich war wirklich in Erklärungsnöten. Ich hab dann gesagt: «Wieso? Kann ich doch machen, finde ich geil.»

Caroline: Das hätte ich auch gesagt. Ich glaube, der Irrglaube der Feministinnen besteht darin, dass sich der Mann über die Unterdrückung der Frau definiert – in meinen Augen eine komplette Übertreibung. Ich behaupte mal, dass der Mann in den 70ern einfach keinen Bock mehr hatte, nur sein eigenes Ding durchzuziehen, wie es vielleicht in den 50er Jahren noch üblich war.

Markus: Gab es eigentlich Situationen, in denen du dich unterdrückt gefühlt hast?

Caroline: Als mein erstes Kind auf der Welt war, da hatte ich durch die Entbindung nur fünf Kilo verloren, das waren dreieinhalb Kilo Kind und eineinhalb Liter Fruchtwasser, aber ich hatte insgesamt 26 Kilogramm zugenommen. Ich war 21 und sah aus wie ein Regal. Das Gemeine ist ja, dass man, wenn man nicht mehr schwanger ist, sofort seinen alten Körper zurückhaben will. Es gibt jetzt überhaupt keine Legitimation mehr, fett zu sein. Ich war aber fett, die Kilos verschwanden nicht, und ich war wahnsinnig unglücklich. In dieser Zeit hätte ich einen Versteher gebraucht, einen, der mich in den Arm nimmt, mit mir im Park herumläuft, der mir aus dieser Depression heraushilft. Ich war einfach nur noch fucking unglücklich. Monatelang wurde ich natürlich auch nicht angerührt, und weil ich mich selber hässlich fand, lief schließlich nichts mehr zwischen mir und dem Vater des Kindes. Die Kommunikation zwischen uns lief dann so ab: Er kam zur Tür herein und fragte: «Hast du für mich die Rezepte abgeholt?» – «Nein», sagte ich. «Vergessen.» Ich wurde nur noch reduziert auf die Perle, die auch noch zu doof ist, Rezepte abzuholen, wo ich doch – in den Augen meines Freundes – außer säugen nicht viel zu tun hatte. In diesem Moment fühlte ich mich unterdrückt, fühlte mich wie eine Maschine, die hauptsächlich funktionieren sollte. Ich wollte immer eine Familie haben, aber das hatte ich mir anders vorgestellt.

Die Beziehung endete dann mit einem Knall. Wir saßen am Frühstückstisch, es war ein langer Tisch, ich selbst hatte alles zubereitet. Auf einmal holte der Typ, er war Trainer einer Fußballmannschaft und seine Spieler saßen mit am Tisch, ein Hochglanzmagazin hervor und blätterte gelangweilt darin herum. Nach einer Weile meinte er: «Also, die Brüste von Dita von Teese sind die schönsten, die ich je gesehen habe.» Von Seiten der Fußballmannschaft gab es zustimmendes Gemurmel und Gelächter. Ich stand ganz langsam auf und sagte mit Nachdruck: «Ich verlasse dich jetzt und komme nie wieder zurück!» Ich machte die Küchentür hinter mir zu, nahm mein Kind und ging. Im Nachhinein gab es noch eine Aussprache, aber dies war der Augenblick, in dem ich wusste, dass ich mir ein solches Verhalten nicht mehr gefallen lasse. Ende der Fahnenstange. Bis genau zu diesem Punkt habe ich mich unterdrücken lassen, aber dann nicht weiter.

Markus: Trotz aller emanzipatorischer Errungenschaften gibt es noch immer die Gefahr, dass Männer es ganz legitim finden, sich scheiße zu verhalten.

Caroline: Ich hätte die Bemerkung des Typen auch ignorieren oder über sie lachen können, aber damals konnte ich das nicht. Mit meinem heutigen Selbstbewusstsein schließe ich mich jeder Tittendiskussion sofort an und gucke, ob auch ich die Brüste schön finde. Und die von Dita von Teese sind wirklich klasse. Ich erhebe nicht den Anspruch, dass man, wenn ich mit im Raum bin, nicht über Brüste sprechen darf. Der Zeitpunkt war damals aber ziemlich schlecht gewählt. Ich saß da und fühlte, wie ich mit meinen 21 Jahren von einer Sekunde zur nächsten verwelkte. Und es war schrecklich, dass man mich nicht sexuell attraktiv fand. Es musste ein anderer Weg gefunden werden, das war mir an diesem Morgen klar.

Heute sieht die Welt zum Glück anders aus. Wenn man kurz nach der Geburt einen fetten Arsch hat, dann muss man den halt herzeigen und sich sagen: «Das ist ein geiler Arsch, er ist groß, rund und schön wie der Mond.» Und wenn man Speckrollen über diesem Arsch hat, dann muss man sich sagen: «Das sind wunderbare love handles, die will jeder anfassen», und schon fühlt man sich schöner.

Markus: In diesem Zusammenhang frage ich mich, warum mir Frauen, wenn sie von ihren Typen erzählen, häufig sagen: «Wenn er ein bisschen Arschloch ist, ein bisschen Mann, das finde ich schon gut.» Ich weiß, was sie damit zum Ausdruck bringen wollen, aber als Mann kann ich nicht abschätzen, an welche Dosis sie da denken. Mich hat es nur durcheinandergebracht, wenn man das von mir einforderte. Und ich frage mich sogar jetzt noch, bin ich cool oder ein Arschloch, wenn ich darauf beharre, dass meine Samstage von halb vier bis acht Uhr ausschließlich dem Fußball gewidmet sind.

Caroline: Wer wünscht sich schon explizit ein Arschloch, das dich schlecht behandelt, weil du eine Frau bist – außer es liegt eine echte Störung vor. Ich halte das Arschloch-Ding für ein Formulierungsproblem. Jede Frau, oder sagen wir mal besser, fast jede Frau wünscht sich einen Mann, der frei heraus sagt, was ihm gefällt und was nicht, der also die Dinge beim Namen nennt. Wenn ich beispielsweise mit einem Freund zum Kino verabredet bin und er kommt so gegen halb acht zu mir, um mir mitzuteilen, dass er wohl wisse, dass wir verabredet seien, er aber gerade keinen Bock hätte, mit mir ins Kino zu gehen, dann ist das für mich noch nicht arschlochmäßig, sondern ehrlich und nötigt mir im Nachhinein sogar Respekt ab. In dem Moment, in dem der Typ mir das sagt, bin ich zwar sauer, weil ich kein richtiges Verständnis dafür aufbringen will. Aber ist mein Selbstbewusstsein genügend ausgeprägt und bin ich davon überzeugt, dass er mich liebt und hier nicht gerade unsere Beziehung zur Debatte steht, sondern einfach nur seine Unlust, ins Kino zu gehen, dann muss ich das fressen.

Markus: Das ist ein menschliches Verhalten, kein rein männliches.

Caroline: Aber es geht doch darum, die eigenen Bedürfnisse ernst zu nehmen. Was macht man denn, wenn man gerade nicht *Melrose Place* sehen möchte?

Markus: Genau, das ist der springende Punkt. Wie sehr tritt man für seine männlichen Bedürfnisse ein, die aus Frauensicht einen faden Beigeschmack haben? Und wenn ich mich für sie einsetze, so stellt sich für mich die Frage, wo die Political Correctness aufhört und wo das Arschlochdasein anfängt. Trotz aller Gleichstellung der Geschlechter will ich wenigstens das Gefühl haben, der Stärkere in dieser Verbindung zu sein, wenn es darauf ankommt. Aber nicht nur der physisch Stärkere; bei wirklich ernsten Problemen will ich dastehen und nicht umfallen. Mir ist es wichtig, dass meine Freundin weiß, dass sie sich bei mir bedingungslos fallen lassen kann. An meiner Seite soll sie keine Angst haben, sie soll darauf vertrauen können, dass ich sie in allen Lebenslagen aus der Scheiße raushauen werde. Und so würde ich natürlich auch gern auftreten. Aber wenn man sich schon bei der kleinsten körperlichen Geste fragt, ob man damit nicht übers Ziel hinausgeschossen ist, dann wird es schwierig. Wenn man etwa nebeneinander im Bett liegt, die Freundin zu sich rüberzieht und ihren Kopf auf die Brust legt – ist das schon zu machomäßig, zu dominant?

Caroline: Nee, das glaube ich nicht. Eine Frau weiß das sehr zu schätzen, das ist eine liebevolle Dominanz. Du nimmst ihren Kopf, um ihr zu zeigen, dass sie sich geborgen fühlen kann. Es gibt nicht so viele Bereiche, in denen du dein

Mannsein auf diese Weise ausleben kannst. Wenn du dir wünschst, in jedem Moment der Stärkere zu sein, dann setzt das voraus, dass deine Freundin ab und zu in die Bredouille gerät, aus der du sie rausholen kannst. Wenn es diese Situationen aber nicht gibt, dann stehst du da mit deinen Wünschen. Ich bin sogar davon überzeugt, dass Frauen sich manchmal etwas kleiner machen, als sie sind, damit der Mann dieses Stärkegefühl hat.

Ein gutes Beispiel dafür ist meine unabhängige Mutter. Sie hat doch noch geheiratet, erst vor kurzem, und zwar einen Mann, dem sie finanziell überlegen ist. Meine Mutter hat ein Haus gekauft, okay, er hat daran eine Menge getan, aber dass dieser Mann sich trotzdem noch männlich fühlt und sein Selbstwertgefühl behalten hat, das ist eine Riesenleistung von ihm. An welchen Stellen kann er denn noch demonstrieren, dass er ein starker Mann ist? Einmal machten sie Urlaub in Afrika und verbrachten eine Nacht in der Sahara. Meine Mama ist unter dem Wüstensternenhimmel eingeschlafen, und ihr damaliger Freund und jetziger Mann blieb die ganze Nacht wach und hat auf meine Mama geachtet und vor eventuellen Gefahren beschützt. Mir hat das imponiert. In einer zivilisierten Welt gibt es jedoch kaum Möglichkeiten, die eigene Männlichkeit unter Beweis zu stellen. Die Typen in Deutschland müssen nicht jagen gehen, um ihre Mädchen in den Höhlen mit frischem Fleisch zu versorgen.

Markus: Mir erscheint das ungerecht: Der Mann kann seine klassische Positionierung entweder nur durch physische Stärke erreichen, was aber gegenüber Frauen auch nach hinten losgehen kann, oder durch beruflichen Erfolg und Kohle, um den Laden am Laufen zu halten. Frauen bekommen für viel mehr Dinge Anerkennung, etwa wenn sie Hausfrau sind und ein Kind großziehen. Wenn aber jetzt ein Mann sagt, er wolle nicht mehr arbeiten gehen, lieber kümmere er sich um die Kinder, dann hat er als Hausmann gesellschaftlich noch immer einen schweren Stand.

Caroline: Das Wort «Hausmann» kannst du gleich durch «Weichei» ersetzen. Aber genau aus diesem Grund bleibt euch nur eine Chance: einfach euer Ding zu machen, sonst brechen euch tatsächlich Stück für Stück die männlichen Domänen weg.

Markus: Ich muss mir nur mal meine Interessen angucken. Interesse Nummer eins: Fußball. Die meisten Spiele der Nationalmannschaft schaue ich zusammen mit meiner Freundin an, und wenn ich mich auch für die Austragungen der Regionalmannschaften begeistern kann, dann findet sie es im besten Fall drollig, dass ich mit so viel Leidenschaft bei diesen für sie weniger wichtigen Spielen dabei bin. Da Mädchen aber neuerdings nicht nur ins Stadion gehen, sondern selber kicken, ist Fußball also längst keine Männerdomäne mehr. Interesse Nummer zwei: Autos. An denen schraube ich gern herum, und ich fahre auch mit Vorliebe einen Wagen, der ein bisschen schneller ist und bei dem ich das Gefühl habe, dass er zu mir passt. Aber die Zeiten, in denen sich Frauen null für Autos interessierten, sind auch vorbei. Es gibt sogar speziell für Frauen konstruierte Wagen.

Caroline: Mit Blumenvasen.

Markus: Ja, zum Beispiel. Diese Autos sind von den Formen her etwas rundlicher und sehen niedlicher aus. Frauen scheinen die gut zu finden. Du siehst, es wird immer weniger, was den Männern bleibt. Oder nehmen wir mein Interesse Nummer drei: die Musik. Ich mag es, Bands zu entdecken und als DJ in Clubs aufzutreten. Bei Letzterem bin ich aber meistens mit einer Kollegin aus München unterwegs, wir treten also häufig als gemischtes Doppel auf.

Caroline: Ich würde den Frauen sofort verbieten, Fußball zu spielen, wenn dadurch das Geschlechterproblem gelöst werden würde. Und ich würde aus demselben Grund sagen: «Lasst sofort den Ball liegen, das ist von jetzt ab Jungssache!» beziehungsweise «Fahrt keine coolen Autos!»

Aber den Rock 'n' Roll kann man den Frauen natürlich nicht untersagen.

Markus: Ich bin in einer Zeit aufgewachsen, da bestand eine der größten Aufgaben für uns Jungen darin, Mixtapes für Mädchen zu machen, weil die bei solchen Dingen überhaupt keinen Plan hatten.

Caroline: Heute sind meine besser als die von den meisten Typen – und das ist auch das Dilemma von euch Jungs: Was könnt ihr noch Männliches beisteuern, wenn euch die Frauen alles wegnehmen? Sie wollen bei allem mitmischen und genauso klasse werden wie die Männer. Beim

Fußball werden die Frauen sogar Weltmeister und die Männer nur Dritter, und trotzdem wollen die Frauen, dass der Mann stark und unabhängig ist. Bei unserem vergangenen Campingurlaub bin ich die ganze Zeit mädchenhaft herumgetänzelt, während mein Freund das Zelt aufbaute. Ich hätte es genauso gut gekonnt, aber ich wusste, dass war ihm ein innerer Vorbeimarsch, es ganz allein zu bewerkstelligen. Hinterher sagte ich ihm: «Oh, das hast du aber toll gemacht! Und so schnell, Respekt!» Ich wollte ihn damit aber nicht verarschen – er sollte sich einfach wohl fühlen.

Markus: Schau einer an, du machst so etwas aus karitativen Gründen.

Caroline: Na klar.

Markus: Aber es ist schon komisch, dass Frauen den Männern bewusst ein angenehmes Lebensgefühl vermitteln.

Caroline: Es ist eben doch eine harte Zeit für Männer. Da ich keinen Führerschein habe, kann ich meinem Freund sagen, wenn es gerade mal schwierig zwischen uns ist: «Du bist heute so toll Auto gefahren.» Ich weiß, dass es aus dem Mund jeder anderen Frau lächerlich klingen würde, aber ich meine es ganz ernst. Ich finde, mein Mann fährt unglaublich souverän Auto.

Markus: Und bewunderst du ihn nicht für den Job, den er macht?

Caroline: Doch, natürlich. Er kann wunderbar organisieren, wozu ich nicht so fähig bin, und im feinsten Englisch mit der ganzen Welt telefonieren. Das finde ich schon ganz lässig. Ich weiß, dass das, was er macht – er ist Produktionsleiter für Werbefilme und Dokumentationen –, ein verantwortungsvoller Posten ist. Bei ihm laufen alle Fäden zusammen, was extrem nervtötend und anstrengend sein kann. Ich schätze es sehr, dass er nicht die ganze Zeit erzählt, was er wieder alles Großartiges geleistet hat und wie geil er ist. Das empfinde ich als das Allermännlichste an meinem Freund. Männer, die rumrennen und mit ihren beruflichen Erfolgen prahlen, die kann ich nicht leiden. Viele führen ihre Theaterstücke selbst dann auf, wenn es gar keinen Grund dafür gibt. Oder sie fangen sogar an zu heulen, da kenne ich überhaupt keine Gnade. Ich mag es eher, wenn mir der Mann seine Wunden zeigt und mir glaubhaft vermittelt, was ihn getroffen hat. Wenn er aber rumjammert, dann kann er sich seinen Tee selbst aufbrühen.

Markus: Männer dürfen bei dir nicht weinen?

Caroline: Bei einer Hochzeit dürfen sie flennen, wenn es also um wirklich anrührende Sachen geht. Aber wenn sie aus kleinen Verletzungen ein Riesenthema machen und enorm viel getröstet werden wollen, dann endet mein Mitleid schnell. In dem Moment, in dem einem Mädchen auffällt: «Oh, der arme Markus ist ja total krank!», geht doch ihr ganzes Herz auf. Die Frau wird ihre gesamte Mutterliebe über dir ausschütten und dich zwingen, im Bett zu bleiben, und sie wird dich fragen, ob du noch was willst. Aber wenn du ein Jammerkonzert veranstaltest, dann ist es bald vorbei mit den Zuwendungen.

Markus: Dabei wurde uns immer wieder gesagt: «Männer müssen auch mal weinen können.»

Caroline: Aber nicht bei Verletzungen jammern.

Markus: Ich überlege gerade, ob Männer manchmal weinen, um der Frau zu signalisieren, dass es gar nicht so schlimm ist, wenn sie nahe am Wasser gebaut ist. Männer schätzen es nämlich, wenn sie trösten können.

Caroline: Mich kann man leicht zum Heulen bringen. Als ich neulich in meiner Radiosendung ein Lied spielte, habe ich plötzlich so bitterlich geweint, dass ich gar nicht mehr aufhören konnte, dabei war das Mikro an. Ich habe nur noch gesagt, dass es mir unangenehm sei, ich aber hoffe, da draußen mögen Menschen sein, denen es wie mir ergeht.

Markus: Männer haben ja auch ihr Recht verloren, sich eine Frau einfach auszusuchen, auf sie zuzugehen und sie anzumachen.

Caroline: Ach Quatsch, das erzählen nur die Medien.

Markus: Es ist schon so, dass letzten Endes die Frau die Entscheidung trifft, von wem sie sich ansprechen lässt.

Caroline: Nein, Markus, überhaupt nicht. Das ist noch einer der wenigen Bereiche, der dir geblieben ist. Du kannst hingehen und dir die Alte nehmen, die du angraben willst. Oder sage ich das nur, weil ich mir das wünsche?

Markus: Und wenn ich 1000 Tricks anwende und noch so selbstbewusst auftrete, wenn eine Frau nicht für sich beschlossen hat, dass es ganz okay sein könnte, von mir abgeschleppt zu werden, werde ich auch nicht bei ihr landen. Lass es zwei- oder dreimal sein, dass ich eine Frau angesprochen und das gemacht habe, was allgemein unter Anmache zu verstehen ist; in allen anderen Fällen ging das immer von den Frauen aus. Ich brauchte mich einfach nur hinzustellen und abzuwarten.

Caroline: Und du fühltest dich wie der einsame Cowboy, der ja immer noch an seinem Lasso rumspielen kann, sollte es ansonsten nicht klappen.

Markus: Ich fand es immer niedlich, wenn Frauen von sich aus signalisierten, dass sie nicht ganz uninteressiert an mir waren. Erhielt ich auf diese Weise ein Signal, dann setzte ich sofort das traditionelle Rollenspiel in Gang. Ich legte mich dann richtig ins Zeug. Aber der erste Schritt, der wurde in der Regel nicht von mir unternommen.

Caroline: Es stimmt, in letzter Instanz habe ich es auch immer dem Mann überlassen. Ich habe mich entsprechend positioniert, mich beispielsweise absichtlich auf einen Typen drauffallen lassen, damit er mir wieder aufhelfen konnte.

Markus: Früher ließ man ein Taschentuch fallen.

Caroline: Ach, hätten wir doch noch die Taschentuchzeit!

Markus: Frauen, die offensiv mit dem Kennenlernen umgehen, finde ich einfach super. Was ich überhaupt nicht haben kann, sind Mädchen, die sich zuquatschen lassen und wenig dazu beitragen, dass es eine inspirierende Begegnung wird. Ein Schlagabtausch auf Augenhöhe ist so eine Belebungstaktik, sich also gegenseitig eins auf die Zwölf zu geben, um zu taxieren.

Caroline: Ich habe die Typen, mit denen ich später in der Kiste landete, vorher meist extrem angezickt. Die Kühle, die Unnahbare – das wollte ich nie sein. Gerade denke ich daran, wie ich meinen Liebsten zum ersten Mal getroffen habe. Ein Freund schleppte mich zu seinem Geburtstag mit, den er in seiner Wohnung feierte. Da ich den Gastgeber nicht kannte, bin ich schnurstracks durch sämtliche Zimmer gegangen, um ihn zu finden. Ich stellte mich ganz kurz vor, sagte, dass ich ein Eindringling auf seiner Feier wäre, ob ihm das recht sei. Aber noch während der Vorstellung merkte ich, dass einiges in der Küche schieflief, der Wodka war überhaupt nicht gekühlt, auch andere Getränke nicht. Ich fragte nicht, ob ich das mal schnell in Ordnung bringen soll, ich habe sofort die Getränke ins Eisfach gelegt und seinen Kühlschrank mit einem Klebeband versehen, worauf geschrieben stand, wo man den Wodka finden konnte. Der Typ hätte explodieren können, weil ich mir seine Küche untertan gemacht hatte. Aber stattdessen bandelte er ein wenig mit mir an.

Als Erstes habe ich ihm direkt an den Kopf geknallt: «Ich stehe immer um sieben auf, ich habe ein Kind.» Ich legte es überhaupt nicht darauf an, niedlich zu sein. Er ließ sich dadurch nicht abschrecken und meinte nur, ob wir uns nicht einmal treffen wollen. Ich sagte daraufhin: «Ich weiß ja, wo du wohnst, ich schicke dir eine Postkarte. Jetzt muss ich aber los.» Dieser Auftritt hat natürlich gezündet. Ich fand ihn enorm heiß, und schon vom ersten Moment an wusste ich, dass eine gute Show hermusste, damit der Junge das auch schnallt. Noch am selben Abend habe ich ihm eine Postkarte geschickt, die ich mit meiner Telefonnummer versehen hatte. Ich war erfolgreich, sonst würden wir heute nicht zusammenwohnen. Aber den nächsten Schritt überließ ich ihm. Hättest du eigentlich auf die Show reagiert?

Markus: Hätte ich super gefunden. Eine Frau, die die Unnahbare mimt, finde ich auch null anziehend, eher affig.

Caroline: Auftritte und Abgänge sind das A und O. Und wie hast du deine jetzige Freundin kennengelernt?

Markus: Das war ebenfalls ein guter Auftritt. Sie arbeitete in einem Club, in dem ich relativ häufig war. Ich fand sie umwerfend hübsch und musste eigentlich auch die ganze Zeit zu ihr hingucken. Nahezu instinktiv wählte ich meinen Standpunkt so, dass ich sie perfekt sehen konnte, sie mich aber nicht richtig im Visier hatte. Mein Getränk bestellte ich immer bei ihr, und wie es sich gehört, gab ich ihr jedes Mal ein ordentliches Trinkgeld. Zweimal lächelten wir uns kurz an, und als sie nach Dienstschluss hinter der Bar hervorkam – der Club hatte noch länger auf –, stand ich immer noch auf meinem Beobachtungsposten. Sie kam auf mich zu, gab mir einen Zettel und meinte: «Hier ist meine E-Mail-Adresse. Ich fände es gar nicht so schlecht, wenn wir uns wiedersehen würden.» Heiß fand ich, dass sie mir nicht ihre Telefonnummer gegeben hat, sondern nur ihre E-Mail-Adresse, und sie war so wahnsinnig schön. Als ich den Club verließ, war es neun Uhr morgens, und die nächsten drei Stunden brachte ich damit zu, in Kreuzberg ein Internetcafé zu suchen, weil ich bei mir zu Hause nicht online war. Ich wollte ihr sofort eine E-Mail schreiben, nicht so aufdringlich, nur die Worte «Ist angekommen». Aber am Sonntagmorgen konnte ich nirgends ein geöffnetes Internetcafé entdecken, und so ging ich dann ziemlich sauer ins Bett. Am nächsten Tag, am Montag, schrieb ich ihr vom Büro aus eine Mail, über die sie sich sehr gefreut hat.

Caroline: Nach allem, was die Weiber dir angetan haben, ist es toll, dass du noch immer romantisch bist. Aus dir hätte auch ein fieser Zyniker werden können.

Markus: Ich habe akzeptiert, dass ich ein hoffnungsloser Romantiker bin. Nur in den hedonistischen Phasen, in den promisken Zeiten, die ich zwischen den längeren Beziehungen hatte, unterdrückte ich das. Ich wollte mich nie wieder auf eine Frau einlassen. Anfangs war ich geradezu süchtig danach, jedes Wochenende mit einer anderen Frau im Bett zu landen. Ich war neugierig darauf, wieder einen neuen Körper zu entdecken. Aber nach einer gewissen Zeit stellte ich fest, wie ermüdend das war. Es gab mir überhaupt nichts. Man musste sich selber wieder und wieder nackt machen, doch trotz des Aufwands kam im eigenen Innern zu wenig Befriedigendes an. Ich hätte mir ebenso gut einen runterholen können.

Caroline: Hoffentlich lesen das einige Frauen, die immer nach neuen Abenteuern suchen.

Markus: Den besten Sex hat man in Beziehungen. Er wird immer interessanter, je näher man sich kommt, je mehr man sich fallen lassen kann.

Caroline: Den besten Sex macht immer noch Mutti.

Markus: Gut, es gibt Fälle, da rennt man in eine Bettsport-Alte rein, die irgendeinen freaky Scheiß mit dir macht, sodass man noch eine Woche später denkt: «Puh, das war aber abgefahren ...»

Caroline: Eine Bettsport-Alte. Ich verstehe.

Markus: Aber letzten Endes bleibt auch davon nicht viel übrig. Man kann sagen, dass man so was auch mal erlebt hat, doch das sind letztlich auch alles Dinge, die man ebenso gut in einer Beziehung machen kann. Das ist ja nicht verboten. Und ich brauche auch keine pfiffigen Geräte, um Spaß zu haben.

Caroline: Das kriegt man auch selber hin.

Markus: Aber ich will nochmal auf den sogenannten neuen Mann zurückkommen, den wir vorhin mit einigen Zweifeln bedacht haben. Wie würdest du ihn beschreiben?

Caroline: Für mich sieht der neue Mann wie Frank Sinatra aus. Der war ja auch ein unglaublicher Versteher und Frauenverehrer. Um solche Songs zu schreiben und entsprechend zu interpretieren, muss man die Frauen gut kennen und wissen, was sie wollen. Was hat er für tolle Texte gesungen! «You treat a lady like a dame, and a dame like a lady.» Du sollst eine Dame wie eine Lady und eine Lady wie eine Dame behandeln, wobei ich den Unterschied zwischen Lady und Dame nicht so ganz verstehe. Dennoch, es klingt einfach phänomenal.

Markus: Den Satz verstehe ich auch nicht, aber das ist bestimmt eine Super-Aussage.

Caroline: Mit Sicherheit. Und hinzu kommt: Frank Sinatra hat den Schmerz kennengelernt. Ava Gardner, mit der er verheiratet war, muss ihn ganz schön krass abserviert haben. Wie ein Hund soll er gelitten haben. Ein echter Mann weiß, was Liebeskummer ist, der geht dann nicht sonnig und unversehrt durchs Leben und rumpelt sich durch die Betten. Der hat einiges mitgekriegt und weiß, dass er sich in Zukunft in Acht nehmen muss. Sinatra war natürlich auch ein enormer Spieler und Säufer, nichts hat er ausgelassen. Anfang der 50er Jahre schien seine Karriere erledigt, weil er Blutungen an den Stimmbändern hatte. Aber immer wieder ist er aus eigener Energie und Kraft hochgekommen. Wenn man annimmt, dass hinter jedem starken Mann eine starke Frau steht, so trifft das auf Sinatra nicht zu. Der hat sich stets alleine freigeschwommen.

Markus: Und welcher prominente Mann unter 40 kann es mit ihm aufnehmen?

Caroline: Ich kenne nur einen, der ähnlich sexy ist: George Clooney. Leider weiß ich nur wenig über ihn, aber für mich und viele andere Frauen auf der Welt vermittelt er eine ausgewogene Mischung aus Härte und Sanftheit. Er hat das Glück, durch seine Talente aus dem Vollen schöpfen zu können. Ihm ist klar, dass das, was ihm in die Wiege gelegt wurde, ihn auch überleben lässt.

Markus: Gut, der ist aber auch ein paar Jahre älter.

Caroline: Ist Johnny Depp unter 40?

Markus: Anfang 40. Brad Pitt auch, Leonardo DiCaprio ist jünger.

Caroline: Nee, finde ich alle nicht geil. Aber Jürgen Vogel, der ist super. Der ist in meinen Augen sehr männlich und sexuell. Hat der nicht auch unheimlich viele Kinder?

Markus: Vier, glaube ich.

Caroline: Wenn er noch einen guten Draht zu ihnen hat, was ich in Jürgen Vogels Fall mal annehme, dann ist er für mich die absolute männliche Krönung.

Markus: Was ist mit August Diehl?

Caroline: Och nee, das ist so ein zarter, verkopfter, blasser Junge. Aber ich mag Typen aus dem Osten, die verstehe ich wenigstens.

Markus: Da kann ich nur zustimmen. Ich meine, ich finde Mädchen, die aus dem Osten sind, spitze. Ich bin zwar erst fünf Jahre in Berlin, aber trotzdem wage ich zu sagen, dass mir das Selbstverständnis von Frauen, die im Osten Deutschlands aufgewachsen sind, mehr entspricht als das von Westmädchen. Sie sind viel entspannter, patenter und selbstbewusster. Bei denen muss man aufpassen wie ein Schießhund, dass man nicht gleich am Nasenring durch die Manege gezogen wird.

Caroline: Sie kommen alleine klar – wie ich.

Markus: Wenn man zu dir sagt, du bist 'ne toughe Alte, ist das für dich ein Kompliment?

Caroline: Ohne Frage. Ich arbeitete eine Zeitlang hinter dem Tresen einer Kneipe, und wenn mich jemand als Barschlampe bezeichnete, empfand ich sogar das durchaus als Kompliment. Ich zucke halt nicht so mädchenhaft zusammen, wenn ich zusammengeschissen werde, ich kann dann auch mal zurückscheißen. Das würde ich als meine männliche Seite sehen. Ich habe auch einen ausgeprägten Beschützerinstinkt gegenüber meinem Kind, dem noch ungeborenen Baby und gegenüber meinem Mann, wenn es ihm nicht so gutgeht. Aber ich habe viel zu selten Gelegenheit dazu. Tatsächlich würde ich gern häufiger meine Hände über Mann und Kind ausbreiten und sagen: «Das ist meine Familie, keiner darf der zu nahe treten, sonst knallt's.» Weiblich ist natürlich mein ganzes Geheule, mein Anmalen, Duften, Singen und Musicals-gut-Finden, auf Liza Minnelli schwören und bei Frank Sinatra schwach werden.

Aber bevor wir es vergessen: Du musst auch sagen, wer denn für dich die neue Frau repräsentiert, wenn sie denn existiert.

Markus: Ich habe den Eindruck, dass es mehr Frauen als Männer gibt, die klar für sich definiert haben, wo sie stehen. Selbst wenn ich mir vermeintlich begehrte Männer wie Robbie Williams anschaue, dann denke ich, der ist 'ne Lusche, der heult mir zu viel herum. Bei den Frauen weiß ich gar nicht, mit wem ich anfangen soll. Da ist erst mal die deutsche Jungschauspielerinnenriege, wobei vom Alter her ganz oben Heike Makatsch rangiert, dann geht es runter zu Julia Jentsch und Lavinia Wilson. Auch Frauen wie

Scarlett Johansson gefallen mir. Sie sind tough, intelligent, humorvoll und finden es selber total cool, Frau zu sein.

Caroline: Scarlett Johansson ist ein tolles Beispiel, das ist eine großartige Alte. Es gab mal ein Cover der *Vanity Fair*, da saß Keira Knightley nackt mit angezogenen Knien auf irgendetwas, sodass die Knie ihre Brüste verdeckten. Und unter ihr lag Scarlett Johansson mit einem gigantischen Arsch, der wie ein sehr schöner, sehr großer Berg in den Bildmittelpunkt hineinragte.

Markus: Ihr Busen ist zu groß, um ihn mit den Händen oder Armen verhüllen zu können.

Caroline: Deswegen lag sie wohl auf dem Bauch. Es stimmt, sie hat wahnsinnig runde Titten – aber auch diesen sehr mächtigen und weichen Arsch, der null durchtrainiert ist, er war einfach nur fraulich und echt. Sie blickte mit einer solchen Grandezza in die Kamera, dass die kleine, knochige Keira Knightley dahinter verdammt blass aussah.

Markus: Männer finden es tendenziell überhaupt nicht gut, wenn Mädchen klapperdürr sind.

Caroline: Das habe ich auch schon mitgekriegt: Ohne großen Busen geht bei Männern seit Jahrtausenden gar nichts. Große Busen sind gut, kleine Busen sind doof, so funktioniert die Welt der Jungs.

Markus: Sind wir nicht mittlerweile bei «schöne Busen sind gut» angelangt? Es geht nicht mehr um dieses reine Tittending.

Caroline: Okay, das mag stimmen. Aber mich interessiert gerade etwas anderes: Ist es wahr, dass viele Männer in der Lage sind, unter einem BH die Beschaffenheit einer Brust zu erkennen?

Markus: Ja. Macht dir das Angst?

Caroline: Na, dann brauche ich ja neue Brüste, wenn's die alten nicht mehr tun und man das sogar durch den BH sehen kann.

Markus: Die Feministinnen wollten den BH auf dem Scheiterhaufen verbrennen.

Caroline: Wofür soll das gut sein? Erst vernichtest du deinen BH, und zwei Jahre später ist die Schwerkraft am Zug. Dann sagt keiner mehr: «Schön, dass du mal tolle Brüste hattest.»

Markus: Frauen sollten sich nicht eingeengt fühlen. Vielleicht ging es den Feministinnen auch darum, dass man seine Reize nicht mit einem Push-up zur Schau stellte.

Caroline: Das ist doch der größte Schwachsinn. Was soll es denn einer Frau bringen, sich nicht mehr schön zu machen? Das ist in der Evolution doch vorgesehen, Weibchen behängen sich, machen sich niedlich. Sie wollen sich selber hübsch finden, aber sie wollen verdammt nochmal auch hübsch gefunden werden. Selbst wenn Männer sich nicht mehr für schöne Frauen interessieren würden, würden Frauen immer noch darauf achten, schön zu sein.

Markus: Ich gebe zu, dass ich, wie alle Männer, zumindest im ersten Moment gewissen Schlüsselreizen erliege. Und wenn du von «niedlich» sprichst, dann denke ich an eine Frau, die nett anzusehen ist und eine entsprechende Aura verbreitet. Als Mann könnte man bei einem solchen Mädchen auf den Gedanken kommen: «Wenn ich jetzt selbstbewusst auftrete, dann kann ich die haben.» Aber wenn sich dieses Niedlichsein über die ersten fünf Minuten hinaus fortsetzt, dann finde ich das Mädchen nicht mehr reizvoll. Und falls dir das aufgefallen sein sollte, Caro: Kurioserweise benutze ich noch immer das Wort «Mädchen» für Frauen, selbst wenn sie schon jenseits der 30 sind. Aber tatsächlich möchte ich gar kein Mädchen haben. Die Person, auf die ich mich einlassen möchte, sollte Frau sein, also eben nicht niedlich. Es gibt übrigens eine ganze Reihe von Frauen, die ich sexy und toll finde, obwohl sie nicht im klassischen Sinne hübsch sind. Witz schätze ich, wie ich schon sagte, sehr an Frauen. Cordula Stratmann fand ich immer sehr lustig, wenn sie bei *Zimmer frei!* auftrat, und auch teilweise noch in der *Schillerstraße.* Auch in meinem Freundeskreis sind die Hauptkriterien für Frauen Witz und Intelligenz. Keiner geht allein nach Optik.

Caroline: Das stimmt auch wieder. Nur wenn du dir einen Porno anschaust, dann interessiert es dich nicht, ob sie schlau ist. Aber abgesehen von diesem Sonderfall ist es spannend, was die Alte in der Birne hat.

Markus: Eine der Sachen, auf die ich wirklich stolz bin, ist die, dass ich bis zum heutigen Tag noch mit keiner Frau im Bett war, die ich im Anbahnungsgespräch für doof hielt. Das war immer der totale Zerstörer, wenn ich mir dachte: «Oje, ist die Alte stulle.» Sie konnte aussehen, wie sie wollte, das hat mich dann nicht mehr die Bohne interessiert.

Caroline: Hochspannend. Ich habe schon mal darüber nachgedacht, wie es ist, mit einer Frau in die Kiste zu gehen. Dabei stellte ich mir vor, dass sie auf keinen Fall schlau sein darf. Sie soll bitte schön doof sein. Ich will mich mit der nicht unterhalten.

Markus: Doofheit ist für mich der absolute Erektionskiller. Die schönste Frau kann nackt auf mir sitzen, aber wenn ich merke, dass sie nichts im Hirn hat, dann bin ich abgeturnt. Da passiert überhaupt nichts.

Caroline: Mit einem doofen Mann würde ich auch nicht schlafen wollen. Aber bei einer Frau habe ich andere Phantasien. Mit ihr will ich nicht über Kindererziehung diskutieren, sie soll nur gut in der Kiste sein. Das könnte mich total inspirieren, und ich verspreche dir, Markus, sollte es eines Tages geschehen, wird es mit Sicherheit kein schlaues Mädchen sein. Fragt sich nur, ob ich mutig genug für ein solches Abenteuer bin.

Markus: Mir ist noch was zum Niedlichsein eingefallen. Bei Typen gibt es doch diesen Kult, der um das Kind im Manne betrieben wird. Hugh Grant, John F. Kennedy, auch Heinz Rühmann und Willy Brandt gehören zu dieser Reihe von Männern, die ihr ganzes Leben lang als große Jungs dargestellt werden oder wurden. Und man liebt sie ungemein dafür. Das sind Männer, die ins Kinderzimmer gehen, um mit ihrem dreijährigen Sohn zu spielen, und die Mutter, die das beobachtet, weiß plötzlich nicht mehr, wer drei und wer 30 ist. Sie freut sich nur, dass sie in diesem Moment zwei Kinder hat. Keiner aber spricht positiv von Frauen, die lebenslang als «große Mädchen» hingestellt werden. Im besten Fall dürfen sie ein wenig rebellisch rüberkommen.

Caroline: Letztens hatte ich mir vorgenommen, die Wäschekammer aufzuräumen, und mittendrin merkte ich, dass mir alles zu viel wurde und ich die frischgewaschene Wäsche nicht mehr von der schmutzigen unterscheiden konnte. Ich entdeckte dann Bandagen, die man sich beim Boxen um die Finger wickelt, und auf einmal probierte ich sie an meinen Händen aus. Ich geriet dabei ins Träumen, für eine ganze Weile. Meine Atmung verlangsamte sich, und ich habe mich genau wie ein Kind gefühlt. Als ich wieder in der Wirklichkeit ankam, war eine halbe Stunde vergangen.

Markus: Aber warum ist es zum Beispiel so, dass Frauen jenseits der 20 garantiert nicht mehr mit Puppen spielen, aber Männer über 40 sich noch immer mit ihrer Eisen- oder Carrerabahn beschäftigen? Es gilt als ungemein putzig, wenn der Mann in den Keller geht und ein paar Runden mit seinen elektrischen Waggons oder Autos fährt. Und die Computer sind in meinen Augen auch nichts anderes als ein Carrerabahn-Ersatz. Wenn Typen nächtelang an ihrem PC herumhängen, dann stehen sie auch mit leuchtenden Augen im Elektronik-Laden vor dem Platinenregal.

Caroline: Bei uns gibt es auch ein Familienmitglied, das potente ferngesteuerte Autos anschafft. Wenn mein Freund sagt, die seien für meinen vierjährigen Sohn, dann kann ich ihm nur 'nen Vogel zeigen. Der Kleine kann damit überhaupt noch nicht umgehen. Ölgefederte Autos für Vierjährige! Das sind reine Männerspielzeuge. Aber sind Kinder bei Frauen nicht ein Puppenersatz?

Markus: Aber Babys sind kein Spielzeug.

Caroline: Ich verkleide mich auch mit Vorliebe oder mache mir immer neue Frisuren. In der ganzen Wohnung liegen Haargummis herum. Vielleicht ist das ein Puppenersatz? Oder wenn Frauen mit Farben und Schminktechniken herumexperimentieren? Und sie lesen all die Frauenmagazine wie Männer ihre Auto- oder PC-Zeitschriften.

Markus: Ich lese auch Frauenmagazine.

Caroline: Na ja, du bist eben schräg drauf. Aber sag mal, siehst du dich mehr als Mädchen oder mehr als Frau?

Markus: Ey!

Caroline: In den letzten drei Jahren habe ich mich oft vor den Spiegel gestellt und zu mir gesagt: «Jetzt bist du eine Frau. Jetzt hast du eine Lebensversicherung und eine Altersvorsorge, du hast dir schon mal eine Vase gekauft, du bezahlst deine Miete mehr oder weniger pünktlich, du rockst das Kind, du hast einen Job, und du stehst mit beiden Beinen auf dem Boden.» Was nicht heißt, dass man nicht auch relativ schnell wieder einknicken kann. «Frausein» – das Wort gefällt mir, es ist so schön handlich und greifbar. Ich mag auch Begriffe wie «Weib», «Dame» oder «Lady», selbst «Baby» finde ich klasse. Aber um ganz ehrlich zu sein: Mit vielen Dingen bin ich noch nicht so richtig fertig. Eine fertige Frau hat für mich beispielsweise einen Führerschein.

Markus: Für mich war es immer ein Gräuel, bei Leuten, mit denen ich in die Schule ging, festzustellen, dass sie mit 23 Jahren im Prinzip aufgehört hatten zu leben. Wenn ich in mein Dorf zurückkomme, wohnen sie drei Häuser neben meinen Eltern und sehen auch fast so aus wie meine Eltern, obwohl sie über 20 Jahre jünger sind. Ich fühle mich jedoch überhaupt nicht wie ein fertiger Mann. Guck mal, ich turne noch immer im Kinderfernsehen herum.

Caroline: Das ist kein Kinderfernsehen!

Markus: Na gut, dann nenn es Fernsehen für Jugendliche, aber MTV ist kein Erwachsenenfernsehen. Da stellt sich die Frage nach der Henne und dem Ei. Bin ich noch bei diesem Sender, weil ich so bin, wie ich bin, und das gar nicht so empfinde, als würde ich im Jugendfernsehen arbeiten …

Caroline: Weil sie dir immer noch glauben.

Markus: … oder hat mich das Jugendfernsehen zu dem gemacht, was ich heute bin: eben nicht zu einem handelsüblichen 39-Jährigen.

Caroline: Ich stehe ja auf meinem ganzen Spießerstyle, finde es klasse, einen Haushalt zu haben, der funktioniert, frische Strümpfe anziehen zu können, weil ich die Waschmaschine angeschmissen habe. Und ich genieße es, die Kühlschranktür aufzumachen und zu sehen, dass er voll ist. Aber es würde mich schnell nerven, wenn dieses Spießige mich davon abhalten würde, neugierig und spontan zu sein. Etablierte Langeweile – der absolute Horror.

Markus: Aber es ist schon eine Errungenschaft des Feminismus, dass sich die Rollen von Mann und Frau ein wenig gewandelt haben. Eine Familie kann heute länger eine junge und moderne Familie bleiben.

Caroline: Schon aus diesem Grund tun sich die ganzen Mädchen keinen Gefallen, wenn sie an der hilflos-niedlichen Kükennummer festhalten; die haben nämlich auch nur bis kurz vor 40 einen süßen Arsch. Und was bleibt dann?

Markus: Irgendwann ist es nur noch tragisch, wenn man Mädchen von Mitte 30 kennenlernt, die...

Caroline: ... darauf bestehen, dass sie süß sind.

Markus: Ja, das finde ich ziemlich bitter.

Caroline: Vorhin haben wir gesagt, dass es für den Mann nicht ganz leicht ist, in dieser Zeit zu leben. Mit Sicherheit trifft das auch für die Frauen zu, insbesondere für diese ganzen West-Girlies, deren Mütter lange nicht gearbeitet haben und diesen braven Hausmutter-Style vorgelebt haben. Woher sollen die wissen, wie man ein Leben führen kann, das nicht spießig durchorganisiert ist? Meine Mutter ist wieder arbeiten gegangen, als ich acht Wochen alt war. Klar, ich stelle es gern so dar, dass ich trotz Kind lustig und wild bin. Aber ich erinnere mich auch an Momente, die überhaupt nicht komisch waren. Ich war 22, schob den Kinderwagen durch den Regen, trug ihn ständig die U-Bahn-Treppen hoch und runter. In dieser Zeit war ich überhaupt nicht flott, witzig, frech oder selbstbewusst, sondern nur angepisst, dass ich das alles allein machen musste. Am liebsten hätte ich einen Mann gehabt, der alles für mich auf die Reihe kriegt, der mir Regale baut und mir meine ewig kaputten Kinderwagen repariert. Mein Mitbewohner war völlig hilflos, stets mussten er und sein neurotischer Köter hungern, weil er nicht mit Geld umgehen konnte. Ich habe die Verantwortung dafür übernommen, dass der Hund und der Mann zu essen hatten, dass die Miete gezahlt wurde. Oft genug gab es Stunden, da hätte ich mich am liebsten wie die Töle auf den Rücken gelegt und mich streicheln lassen, darauf vertrauend, dass schon irgendwer alles wuppt.

Markus: Ich sehne mich regelrecht nach dieser Verantwortung, die ich in diesem Maße noch nie getragen habe. Klar gab es wieder mal die eine oder andere Frau an meiner Seite, die einzelne Dinge nicht auf die Kette bekommen hat und wo ich dann einspringen konnte. Aber zu meinem vollkommenen Glück fehlt mir, richtig Verantwortung zu übernehmen.

Caroline: Ich kaufe mir morgen einen Kinderwagen, du kannst ihn gern danach benutzen, wenn du willst.

Markus: Wenn ich die Frau fürs Leben gefunden habe, dann beinhaltet Verantwortung nicht nur Kinderkriegen, sondern auch für ein prima Zusammenleben zu sorgen.

Caroline: Vielleicht solltest du dich mal von der Idee trennen, dass es die Frau fürs Leben gibt.

Markus: Das kann ich nicht. Ich kann mich nur von dem Gedanken verabschieden, dass Ehe und Monogamie mit Langeweile gleichzusetzen sind. Ich bin davon überzeugt, dass man sich auch nach vielen Jahren Ehe noch jeden Tag neu entdecken kann. Es geht zwar nicht darum, einen wirklich anderen Menschen kennenzulernen, sondern neue Dinge an der Person, die schon ganz lange an deiner Seite ist. Das finde ich mindestens ebenso herausfordernd, spannend und aufregend wie wechselnde Partner. Immer mit einer fremden Frau ins Bett zu gehen, das ist sicher eine Möglichkeit, das eigene Leben zu gestalten. Aber mir behagt diese Vorstellung nicht. Das ist so anspruchslos wie ein Pausenbild. Geborgenheit, wiederkehrende Rituale, zu wissen, wo man hingehört – das schätze ich sehr. Der Schlüssel zu einer guten Beziehung ist meiner Meinung nach, dem jeweils anderen seine eigene Entwicklung zuzugestehen und die Entwicklung des Partners mit der eigenen in Einklang zu bringen. Das ist ein ständiger Erneuerungsprozess, und ich glaube, dass es einem dabei nicht öde wird.

Caroline: Nach meiner Erfahrung mit meinem ersten Freund, den ich ja viel zu früh aufgegeben habe und der gewiss viel spannender gewesen wäre als viele Männer nach ihm, habe ich mir auch vorgenommen, nicht mehr immer nur die erste Ausfahrt zu nehmen. Wobei man aber nicht vergessen darf, dass nicht jede Beziehung rettenswert ist.

Markus: Ich bin absolut kein Freund von Danton, dem Jakobiner in Büchners Drama *Dantons Tod*. Dieser Revolutionär baute sich gleich einem Mosaik eine perfekte Partnerin zusammen, die aber letztlich Phantasie blieb, nie in der Wirklichkeit vorkommen konnte. Ich begebe mich da lieber auf eine Suche und kann dadurch etwas entdecken, was ich mir vorher gar nicht ausmalen konnte. Aber ich gebe zu, dass die Marotten, die man bei einem neuen Partner kennenlernt und die man anfangs noch putzig findet, genau die Dinge sind, die einem nach einem halben Jahr total auf den Sack gehen können.

Caroline: Ein Freund von mir war mit einer Frau zusammen, die lange rote Haare hatte. Als er eines davon zu Beginn ihrer Beziehung auf dem Fußboden in seinem Bad fand, hob er es auf, betrachtete es lange, die Sonne schien zum Fenster herein, er konnte sich kein schöneres Haar vorstellen. Keine zwei Jahre später betritt er wieder sein Bad, wieder liegt ein Haar auf dem Fußboden, und er denkt: «Warum muss die alte Schlampe überall ihre Haare herumliegen lassen, kann sie denn nicht mal aufpassen, wenn sie sich bürstet?» Es war klar, dass die beiden sich auseinandergelebt hatten.

Markus: Ich finde, dass man durch solche Phasen hindurchmuss.

Caroline: Aber ist das in dieser komplexen, reizüberfluteten, wirren Welt überhaupt möglich?

Markus: Gerade weil die Welt so ist, wie du sie beschrieben hast, möchte ich irgendwann einmal ankommen, sonst drehe ich noch durch. Wenn ich in meinem Leben die nächsten 20 Jahre so weitermache wie bisher, dann muss ich mich fragen, wofür ich eigentlich gelebt habe. Dann fehlt mir der Sinn hinter dem Ganzen; dann war mein Leben nur ein einziges Gerenne, in dem es im Grunde um nie etwas anderes als Zeit ging. Ich fände das schade.

Caroline: Ach, das ist so mühselig, über den Sinn nachzudenken. Ich habe meine Aufgaben, und ich nehme mein Tagesgeschäft, also auch meinen Job, genauso ernst wie mein Kind. Klar, mein Sohn ist etwas übergeordnet, denn wenn ich seine Erziehung optimal hinkriege, dann wird sie auch mal Früchte tragen. Ich werde dann mein ganzes Leben das ernten, was ich einmal gepflanzt habe. Im besten Fall geben deine Kinder etwas von dir weiter, wenn du selber schon längst nicht mehr auf Erden weilst. Das ist toll, aber man muss es auch ganz nüchtern betrachten. Wir werden nackt geboren, wir sterben nackt, und was wir in der Zwischenzeit machen, liegt in unserer eigenen Verantwortung. Aber Sinn? Nee …

Markus: Ich finde es schade, dass die Kinderfrage mit der Rentendiskussion in Zusammenhang gebracht wird. Es geht nur ums Geld. Kann man sich Kinder überhaupt noch leisten?

Caroline: Und dabei weiß ich aus eigener Erfahrung, dass Kinder wenigstens bis zum dritten Lebensjahr nahezu umsonst glücklich werden können. Gute Nerven und Liebe sind einfach wichtiger.

Markus: Kinder würden meinem Leben schon einen anderen Sinn geben.

Caroline: Gut, dass wir auch mal unterschiedlicher Meinung sind.

MARKUS ÜBER SEINE KINDERLOSIGKEIT

Ich war ja neulich mal kurz Urlaub machen auf Teneriffa. An einem Tag waren meine Freundin und ich schon recht früh am Strand. Morgens um zehn hat man den noch ziemlich für sich alleine; zwei Stunden später versteht man allerdings kaum mehr sein eigenes Wort. Da sind nämlich 20 Familien mit gefühlten 100 Kindern um einen herum. Mit einem Nickerchen ist es dann nichts mehr, es sei denn, man lässt sich nicht stören durch gellendes Geschrei oder eine fehlgeleitete Schaufel Sand, die einem in der Fresse landet. Tut man aber, weswegen man notgedrungen anfängt, die kleinen Racker zu beobachten. Süß ist zum Beispiel das Baby, das ALLES, was sich in Reichweite befindet, in den Mund nimmt. Das Baby sitzt im Sand. Eher anstrengend das etwa achtjährige Prinzesschen, das kreischend vor den Wellen Reißaus nimmt und ständig ihr langes Haar schüttelt. Weiter vorne zwei Kids aus England. Auf die bin ich richtig neidisch, weil sie so verschärfte Umkleideumhänge haben. Sind wie so ein längerer Poncho geschnitten, also an der Seite offen, und mit irren Kapuzen: Der Kopf des Mädchens ist eine Rose, der des Jungen ein Haifischmaul, noch dazu mit einer Flosse.

Und wenn man sie so beäugt, die süßen Kleinen, dann fällt einem schnell wieder ein, dass man jetzt allmählich auch mal für Nachwuchs sorgen sollte, weil das andernfalls nichts wird mit der Rente. Via «Bild»-Zeitung, die offenbar besorgt um den Fortbestand ihrer Leserschaft ist, durften uns unlängst Politiker und Wirtschaftswissenschaftler wissen lassen, dass Kinderlose nie ins Rentensystem aufgenommen hätten werden dürfen, weil es nur funktioniert, wenn es von nachfolgenden Generationen finanziert wird. Also: Renten für Kinderlose kürzen oder deren Beiträge erhöhen. Tatsache ist, dass Deutschland, nur noch unterboten vom, ähem, Vatikan, mit der weltweit niedrigsten Geburtenrate zu kämpfen hat. Statistisch gesehen bringt eine Frau hierzulande nur 1,36 Kinder zur Welt. Für eine stabile Bevölkerungszahl und damit auch ein funktionierendes Rentensystem wären 2,1 notwendig.

Warum bin ich eigentlich noch nicht Papa? Weiß ich ehrlich gesagt gar nicht so genau. Grundsätzlich habe ich das nämlich schon vor, es hat sich aber irgendwie nur noch nicht ergeben. Ich will jetzt nichts faseln von wegen «auf den richtigen Zeitpunkt warten» – wann ist ein Zeitpunkt zum Kinderkriegen schon falsch oder richtig, im Zweifelsfall heißt es eh: später. Meine Priorität im Leben ist es nach wie vor, in einer Beziehung glücklich zu sein. Offenbar war ich das bis dato noch nicht lange genug, als dass daraus ein Kind hätte entstehen können. War nie ein Thema, weswegen ich mir auch noch keine Gedanken darüber gemacht habe, wie es denn so wäre, ein Kind in – Achtung – «diese Welt» und damit natürlich auch in «meine Welt» zu setzen. Vermutlich wäre es nicht anders als in anderen Welten auch. Vielleicht habe ich über all den anderen Dingen einfach vergessen, Vater zu werden. Nach der Schule erst mal studieren, dann arbeiten, Beziehungen führen, Beziehungen beenden lassen, zehnmal umziehen und die Stadt wechseln, Job wechseln, dies und das, und schwupps bist du 40. Andererseits kann man schlecht in seinen Organizer eintragen: «Kind zeugen! Erneut erinnern in einem / zwei / fünf / zehn Jahren?» Wahrscheinlich kann ich auch noch nicht mal was dafür, denn wenn ich es richtig interpretiere, hält FAZ-Herausgeber und Buchautor Frank Schirrmacher schützend die Hand über mich, da er feststellt, dass meine Generation «umprogrammiert» wurde. Fehlgeleitete materielle Schlüsselreize hätten in die menschliche Biologie eingegriffen. Wir hätten vergessen, worum es beim Leben und Überleben eigentlich geht, nämlich um Familie und Kinder. Aber das ist neokonservatives Müllgelaber, damit will ich eigentlich nichts zu tun haben.

Trotzdem: Mal sehen, was sich da so machen lässt. Aber: Nein, ich hab die Eltern der englischen Kids nicht gefragt, wo sie die Umhänge gekauft haben. Ein andermal. Später.

CARO ÜBER IHRE KINDER

Der Anfang ist das Schwerste, und danach wird's erst mal schlimmer. Aber keine Sorge, es hört auch nicht mehr auf, bis das Kind da ist. Und dann geht's erst richtig los.
NACHBARSCHAFTLICHE WEISHEIT

Dass mein erster Sohn auf die Welt kam, ist einem wilden Hormoncocktail zu verdanken, den es in dieser Zusammenstellung sicher kein zweites Mal gibt: Als ich sechzehn war, tanzte mein Herz den Hoky-Poky (einen sehr bescheuerten

Kindertanz, bei dem man wechselnde Gliedmaßen anheben und herzeigen muss, dann dreht man sich im Kreis, und dann kommt ein anderes Körperteil dran; ist von Erwachsenen nur im besoffenen Zustand durchführbar), wenn ich kleine Kinder sah, die sinnloses Zeug brabbelten oder ständig auf die Nase fielen, obwohl sie an den Händen ihrer Mütter klebten. Ich konnte mir das seinerzeit schon nicht erklären, aber Kinder übten eine Faszination auf mich aus. Man kann das vielleicht mit den Gefühlen vergleichen, die Männer haben, wenn sie einem Jaguar E-Type auf der Straße nachsehen.

Angesichts dessen kann man also fast von Glück sprechen, dass ich erst mit 20 schwanger wurde.

Es wuchs heran, der Frühling kam und ging; indes ging ich meiner schönen Form verlustig. Aber auch das war irgendwann vorbei, bald war auch mein alter Arsch wieder da und noch etwas anderes: ein Kindlein!

Nicht, dass ich Angst davor gehabt hätte, dass eines Tages beim Fleischer die fleischige Verkäuferin zu meinem Kinde spricht und sagt: «Frag doch mal die Omi, ob du ein Würstchen haben darfst.» Aber ein Kind mit 20 bekommen zu haben, war trotzdem gut, wenngleich es auch nicht der sprichwörtliche Spaziergang war, sondern in den ersten zwei Jahren eher einer Erstbesteigung glich. Wer je im Regen mitten auf der Kreuzung ein Kinderwagenrad verloren hat, wird wissen, wie blöd alles sein kann. Und wer sich, gerade 21 geworden, je wunderte, dass gar keiner mehr anruft, der weiß, wie blöd alles sein kann.

Aber wenn wirklich alles blöd wäre, wäre ich ja nicht zweifache Mutter.

Tatsächlich geht die Rechnung auf: Das, was man an Liebe oben reinsteckt, kommt auch an gleichwertiger Liebe wieder raus. Da steht das Kind dann morgens vorm Bett und sagt: «Mami, du bist schön!» Das wirft einen um. Außerdem entwickeln sich Kinder in den ersten dreieinhalb Jahren zu ganz passablen kleinen Helferlein. Die können jetzt vielleicht noch keinen Reifen wechseln, aber kindgerechte Tätigkeiten ausführen – und kindgerecht ist eigentlich alles, was im Haushalt so anfällt.

Kurzum: Wer bereit ist, sich von bebrillten Jugendamt-Besserwissern behandeln zu lassen, als wäre man selbst noch ein Kind, wer sich von Kindergärtnern gern nochmal die Sache mit den Öffnungszeiten genau erklären lassen möchte, wer sich auf der Straße von bösen alten Meckeromis über die Zweckmäßigkeit von Regenschutzvorrichtungen für den Kinderwagen in einem preußisch anmutenden Kasernenhofton anhauen lassen will, der möge mit 20 Kinder kriegen.

Die anderen sollen warten, bis sie in einem respektablen Alter sind.

Die drei Top-Sprüche aus hauseigenem Kindermund:

1. «Ah, Spinne!» (Junior beim Anblick einiger ihm zum Verzehr dargebotener Bambussprossen.)
2. Das Radio erzählte die Geschichte von einem Taxifahrer, dem bei einem Überfall die Nase abgeschnitten wurde. Daraufhin meinte Junior: «Das darf aber nicht passieren!»

3. Bei der Trickfilmpremiere von *Arthur und die Minimoys* gab Tokio-Hotel-Sänger Bill Kaulitz Autogramme. Junior beobachtete scharf: «Wieso darf die strubbelige Frau in die ganzen Bücher schreiben?»

KEINE FRAU WILL KITTELSCHÜRZENLOCKENWICKLERBESCHEUERT SEIN

Caroline: Ich habe einen vierjährigen Sohn, und bei ihm ist mir aufgefallen, dass er tatsächlich als Mann auf die Welt gekommen ist. Sein Interesse für Autos scheint mir genetisch bedingt zu sein, jedenfalls habe ich bei gleichaltrigen Mädchen noch nicht beobachtet, dass sie in ähnlicher Weise von Dingen fasziniert sind, die auf dem Boden herumrollen. Das Erste, was mein Sohn aufgeregt wahrgenommen hat, waren Lichter, das Zweite Autos. Und ohne dass ich mich erinnern könnte, dass ihm jemand gesagt hätte, Muskeln seien etwas besonders Männliches, rennt er durch die Gegend und zeigt jedem seine Muckis.

Markus: Er merkt natürlich schon jetzt, dass er physisch stärker ist als Mädchen in seinem Alter. Und so verhält er sich auch.

Caroline: Eigentlich ist er eher ein Kavalier als ein Unterdrücker.

Markus: Das hat damit nichts zu tun. Auch als vierjähriger Kavalier kann er einem Mädchen die Tür aufhalten. Aber es bleibt die Frage, ob man als Mann geboren wird. Wissenschaftlich ist erwiesen, dass es so etwas wie Muttergefühle gibt, und deshalb gehe ich davon aus, dass solche Sachen biologisch unverrückbar verankert sind. Natürlich gelingt es vielen Männern, im Laufe ihres Lebens wie eine Frau zu werden – und umgekehrt.

Caroline: Das wollte ich gerade sagen – ich kann mir Schwule und Lesben nicht erklären, wenn man wirklich als Mann oder Frau auf die Welt kommt.

Markus: Dahinter steckt aber ein Prozess, der nicht völlig losgelöst vom Kopf abläuft. Grundsätzlich, davon bin ich überzeugt, wird man erst einmal als Mann geboren. Dann kann man sich überlegen, wie man sein eigenes Verhältnis zur Ursuppe definiert.

Caroline: Kennst du die Geschichte von dem kleinen Jungen in Kanada, dem man bei der Beschneidung sein Glied ganz schlimm verstümmelte? Ärzte haben seinen Penis dann ganz abgeschnitten oder nach innen gefaltet, genau weiß ich das nicht mehr, und der Junge wurde als Mädchen erzogen. Zuerst wuchs er als zauberhaftes Mädchen heran, doch dann ging alles schief; er wollte wieder Mann werden, später nahm er sich das Leben. Diese Geschichte unterstützt deine These.

Markus: Wenn ich als kleiner Junge auf die Welt komme, werde ich erst gar nicht gefragt, ob ich Rosa tragen möchte. Als Kind kann man kaum aus der Rolle ausbrechen, die mit der Geburt von den Eltern und der Gesellschaft bestimmt wird.

Caroline: Leichter wird das alles auch nicht, wenn man sich in diesem Zusammenhang die Vorurteile anschaut, die gegenüber dem anderen Geschlecht gehegt und gepflegt werden – und die man auch selber hat. Ich unterstelle Männern zum Beispiel grundsätzlich eine gewisse Stumpfheit, was Gefühlsdinge angeht, während die meisten Perlen in das Wenige, was sie aus ihren Männern an Aussagen rauskriegen, dauernd zu viel hineininterpretieren.

Markus: Selbst wenn man modern denkt oder es wenigstens versucht, hat man in bestimmten Situationen gern eine Bemerkung wie «typisch Frau» oder «typisch Mann» parat. Beispiel: Ich stehe in einer langen Autoschlange und nichts geht voran. Komme ich dann an der Stelle vorbei, wo es gehapert hat, und sehe ich, dass der Grund für die Warterei eine Frau war, die nicht einparken konnte, dann sage ich auch schnell: «Das war wieder typisch Frau.» Ich weiß, das ist dumm, Frauen können genauso gut einparken wie Männer, es gibt sogar Untersuchungen darüber, dennoch … Klischees werden zu scheinbaren Wahrheiten; zum Beispiel wird behauptet, dass Frauen emotionaler sind und schneller heulen. Manche Äußerungen mögen tatsächlich stimmen, aber diese Klischees sollte man von Zeit zu Zeit immer wieder überprüfen.

Caroline: Ich weiß gar nicht, ob das überhaupt nötig ist. Vielleicht bin ich ein Ausnahmefall, aber in dieser Schwangerschaft, die ich gerade erlebe, werde ich von Woche zu Woche weiblicher im klassischen Sinne, ohne dass ich etwas dagegen tun könnte. Mir kommt es schon so vor, als würde ich die Meinung unserer Ex-*Tagesschau*-Sprecherin Eva Herman pur vertreten. Ich empfinde Hochgefühle beim Einkaufen von Pilzen und bei der Vorstellung, wie ich sie später brate. Und wenn ich heimkomme und sehe, dass ich nur noch eine Ladung Wäsche waschen muss, damit der Wäschekorb wieder leer ist, dann werde ich fröhlich. Ich laufe einzelnen Fusseln hinterher und gucke immer, wo sie hergekommen sind, meistens natürlich von unserem Teppich. Im Moment ist alles an mir weiblich und hausfraulich. Vorhin hatte ich sogar eine Schürze um.

Markus: Irritiert dich das?

Caroline: Ja, weil ich nicht dachte, dass ich so bin oder jemals sein könnte. Bei meiner ersten Schwangerschaft hatte ich nicht diese Anwandlungen, aber da war auch alles ein bisschen anders. Doch jetzt habe ich eine schöne Wohnung, aus der ich gar nicht mehr rausgehen will. Ich will hier feudeln, und zwar den ganzen Tag.

Markus: Das klassische Nestbau-Ding. Und eine Art Ersatzbefriedigung für den crazy Kram, den du machst, wenn du nicht schwanger bist.

Caroline: Das kann sein.

Markus: Wie wäre es wohl, wenn ich in dieser Situation der Mann an deiner Seite wäre?

Caroline: Du würdest mich lieben.

Markus: Das sowieso, klar würde ich das. Aber würde ich auch den Wäscheständer da draußen auf dem Flur abräumen und Pilze kaufen und zubereiten? Und ich sage dir, ja, aller Wahrscheinlichkeit nach würde ich das tun.

Caroline: Weißt du, was mein Typ macht? Der kauft keine Pilze, der baut uns eine Küche.

Markus: Würde ich auch tun.

Caroline: Der hat den gleichen Nestbautrieb wie ich, nur ins Handwerkliche tendierend. Gleichwohl laufen da ähnliche hormonelle Geschichten ab. Aber würde es dich nicht nerven, wenn die Frau an deiner Seite, die bislang im Job engagiert war, nun plötzlich auf Nestbau macht?

Markus: Nee, dann kriegen wir ja ein Kind. Es würde mich nur irritieren, wenn sie anfängt, Muttchen zu spielen, ohne dass sie schwanger ist.

Caroline: Aber ich muss schon gestehen, dass ich in diesen häuslichen Aufgaben sehr aufgehe. Und mit andauernder Schwangerschaft hat sich das auch noch gesteigert. Ich habe mittlerweile die Herausforderung erkannt, die so ein Haushalt bietet, und im Moment ist mein Kopf nur auf Familie gepolt. Ich schätze diese neuen Eigenschaften sehr an mir, und ich bin schon gespannt, ob sie später mit dem Berufsleben zu vereinbaren sind.

Markus: Wie gesagt, wenn ich jetzt der Mann an deiner Seite wäre, würde ich dir in dieser Phase nicht reinpfuschen, ich würde nicht auf deiner Emanzipation beharren.

Caroline: Mein Freund würde auch den Teufel tun, mich bei meiner fraulichen Entfaltung zu unterbrechen. Er nennt mich momentan seinen Sentinel. Ein Sentinel hat eine gewisse übernatürliche Begabung; meine liegt darin, genau zu wissen, wo alles liegt, seine Autoschlüssel, sein Wohnungsschlüssel, seine Sonnenbrille. Kein Wunder, ich bin ja permanent in der Wohnung und komme immer an diesen Sachen vorbei. Da prägt sich unbewusst ein, wo sie so herumliegen. Bei Bedarf kann ich das jederzeit abrufen. Auch weiß ich stets, was im Kühlschrank fehlt. Es passiert einfach nicht mehr, dass wir frühstücken wollen, und es sind keine Brötchen mehr da. Das Gleiche gilt für meinen Sohn. Ich kann ihm sofort sagen, wo seine Hausschuhe herumstehen, wo er sie ausgezogen hat, wo bestimmtes Spielzeug zu finden ist.

Markus: Wenn ich meinen Mietvertrag oder etwas anderes nicht finde, dann frage ich auch meine Freundin.

Caroline: Und die weiß das dann?

Markus: Die weiß es.

Caroline: Ich glaube, das ist etwas, das Männer extrem geil finden. Und ich komme mir dabei auch keineswegs unterdrückt vor. Das Reich hier, also unsere Wohnung, untersteht mir – und mein Freund muss mich fragen, wenn er etwas sucht. Was nicht daran liegt, dass ich seine Dinge wegräume. Er hat sich einfach daran gewöhnt, dass ich ihm das Leben leichtermachen kann.

Markus: Das genau ist der Punkt. Ich bin mittlerweile zu phlegmatisch, um noch eine Sekunde länger darüber nachzudenken, wo denn der Mietvertrag oder was auch immer zu finden ist. Es wird sofort gefragt. Andererseits: Wenn ich heute Abend mit meiner Freundin beschließe, im März auf die Kanarischen Inseln zu fliegen, dann lege ich ihr morgen zehn Häuser vor, die man mieten könnte. So etwas ist dann wirklich mein Ding. Und am übernächsten Tag sind das Haus, der Flug und der Mietwagen gebucht. Das wiederum bedeutet für sie null Anstrengung.

Caroline: Das ist einfach toll. Mit anderen Worten: Männer und Frauen können zusammen.

Markus: Eine andere Sache ist aber, dass Eva Herman postuliert, Frauen sollten sich mehr um die Kinder kümmern und nicht mehr arbeiten. Welcher Mann möchte denn heutzutage noch so eine Frau?

Caroline: Niemand, glaube ich.

Markus: Wenigstens niemand in meinem Umfeld. Für mich wäre das völlig undenkbar. Ich war immer mit starken Frauen zusammen, eine ganz bewusste Entscheidung. In dem Moment, in dem auch nur ansatzweise das

Muttchendasein ohne Schwangerschaft losging, wurde es öde.

Caroline: Wir wollen aber Nestbau und Wäschewaschen nicht mit Unterordnen verwechseln. Trotz dieser wirklich merkwürdigen hormonellen Haushaltseuphorie lasse ich mich nicht unterdrücken. Das möchte ich weit von mir weisen. Das Herman-Buch habe ich mit wachsendem Groll gelesen und gedacht, die Alte hat nicht alle Tassen im Schrank – und jetzt mache ich das selber. Das ist schon ein wenig unangenehm.

Markus: Du würdest aber nie, egal, ob du noch ein drittes und viertes Kind kriegst, deine beruflichen Sachen vernachlässigen.

Caroline: Ich weiß nicht. Ehrlich gesagt, ich mache mir ein bisschen Sorgen um mich.

Markus: Das sind jetzt aber wirklich die Hormone. Das geht wieder vorbei.

Caroline: Hoffentlich. Aber im Augenblick könnte mich nichts glücklicher machen als die Hausfrauennummer. Und zugleich stürzen so viele seltsame Gefühle auf mich ein. Ich heule dreimal am Tag wegen Sachen, die vollkommen albern sind. Manchmal habe ich Angst, ich könnte mich irgendwann weigern, je wieder jobben zu gehen oder an meiner weiteren Selbstverwirklichung zu arbeiten. Vielleicht will ich mich ja nur noch um meine beiden

Kinder kümmern. Richtig schlimm wäre das nicht, es wäre zumindest selbstgewählt, aber eigentlich wünsche ich mir das nicht.

Markus: Wenn das Zuhausebleiben selbstgewählt ist, dann kann ich mir gut vorstellen, dass es Frauen gibt, die dies als Erfüllung betrachten. Sie wollen ja auch nichts anderes. Aber der Punkt ist, dass es so dargestellt wird, als würden Männer erwarten, dass Frauen ihre Erfüllung im Kinderkriegen finden. Spinnen wir weiter: Wenn ich jetzt dein Typ wäre, dann würde ich vermutlich auch darauf bestehen, dass dieses erste Jahr, nachdem das Kind auf der Welt ist, nicht an dir hängenbleibt. Ich würde es aufteilen, mich aus meinem Job zurückziehen, um eine Fifty-fifty-Situation herzustellen, was die Kindererziehung und überhaupt die Zeit, die man mit dem Kind verbringt, betrifft. Wenn ich ein Kind kriege, möchte ich nicht scheinheilig im Kreißsaal herumstehen und dann wieder jeden Tag von morgens neun Uhr bis abends acht Uhr arbeiten. Ich möchte, dass mein Kind mich sieht, ich möchte, dass ihm meine Stimme, mein Geruch genauso vertraut sind wie der Anblick der Mutter. Und das geht natürlich nur, wenn ich mich entsprechend im Job zurücknehme.

Caroline: Wenn ich das so höre, dann habe ich auf einmal das Bedürfnis, doch selber mehr zu machen als nur 50 Prozent.

Markus: Warum?

Caroline: Muttersein ist eine Kompetenz von mir, ich glaube, ich würde diesen Bereich gern an mich reißen. Kleine Aufgaben verteilen, immer mal was abgeben, das käme mir eher entgegen. Wenn du sagst, dass du mit dem Kind genauso vertraut sein möchtest, dann bedeutet das, dass du nur noch zu Hause abhängen würdest.

Markus: Aber die Vertrautheit ist doch okay!

Caroline: Die Vertrautheit ist super, aber wenn du nur noch zu Hause rumhängst …

Markus: Wenn ich zu Hause rumhänge, dann heißt das, dass du in diesem Moment wahrscheinlich nicht zu Hause rumhängst.

Caroline: Aber ich gehe dann doch nicht weg. O Gott, ich merke gerade, dass das total abgefahren ist.

Markus: Ich würde akzeptieren, dass du beim Kind eine Art Vorsitz hast.

Caroline: Das würdest du akzeptieren?

Markus: Ja.

Caroline: Das ist gut.

Markus: Mir ginge es nicht um ein Kompetenz-Gerangel, um Eifersüchteleien. Ich finde, ein Kind sollte Eltern haben – und nicht eine Mama, die alles macht, und einen Papa, der ab und zu vorbeischaut.

Caroline: Aber als Mann würdest du grundsätzlich meine Autorität anerkennen, dass ich das mit dem Kinderkriegen raushabe und dass ich dir auf die Finger haue, wenn du es falsch machst?

Markus: Kein Ding. Ich kann ja auch nicht stillen, höchstens die Flasche geben, wenn du keinen Bock hast, dem Kind die Brust zu geben.

Caroline: Vielleicht ist gerade das Kinderkriegen – die Zeit, in der man seine Brüste hinhält – und all das, was damit verbunden ist, eine Sache, die wir im Grunde nicht modernisieren können, obwohl wir es versuchen. Unsere Familienministerin ist ja der Ansicht, dass Frauen drei Monate nach der Geburt wieder arbeiten gehen sollten.

Markus: Aber ich bin auch nicht dafür, dass Frauen wieder in die Steinzeit katapultiert werden, nur um die Kinderlosigkeit in unserem Land in den Griff zu kriegen. Ich denke, das ist genau der falsche Ansatz. In meinen Augen ist ein weiterer Schritt in Richtung Emanzipation notwendig. Niemand sollte darauf verzichten, Geld zu verdienen, und niemand sollte nur ganz wenig Zeit mit dem Kind oder den Kindern verbringen. Für mich ist Aufteilung die Lösung.

Caroline: «Emanzipation» ist eigentlich ein Gesternwort. Die Nummer ist völlig durch. Wenn ich mir überlegen müsste: «So, jetzt emanzipiere ich mich erst mal!», würde ich mir kittelschürzenlockenwicklerbescheuert vorkommen.

Markus: Aber wenn man das Wort für sich nimmt und aus dem ursprünglichen Zusammenhang löst, denke ich schon, dass Emanzipation auch weiterhin eine Rolle spielen wird, allerdings nicht nur auf Frauen bezogen, sondern auf beide Geschlechter. Auf diese Weise werden Männer und Frauen wieder näher zusammenrücken – und auch mehr Kinder zeugen. In Zukunft wird meiner Ansicht nach die familiäre Emanzipation eine große Rolle spielen.

Caroline: Klar wäre es scheiße, wenn mich der Typ nach der Geburt hängenlassen würde. Ich würde ihn ganz schön in die Pflicht nehmen. Diese Möglichkeit wird mich aber nicht davon abhalten, deutlich zum Ausdruck zu bringen – in der Manier eines Feldwebels –, was gemacht wird und wo es langgeht, schon allein, weil ich das Muttertier bin. Ich freue mich schon richtig auf meine Ansagen.

Markus: Ich denke, dass man unterscheiden muss: Geht es um die ersten Monate nach der Geburt oder um den weiteren Verlauf, wenn das Kind zwei, drei Jahre alt ist? Am Anfang gibt es Dinge, die können nur Mütter machen, folglich steht das Kind der Mutter näher und umgekehrt. Aber danach kann man es auf beide Schultern verteilen – und zwar genau gleich.

Caroline: Ich hab gerade Angst, dass ich mich vollends in ein Muttertier verwandle. Oje. Beim ersten Kind war noch alles in Ordnung mit mir, da habe ich nicht so ein großes Affentheater veranstaltet. Und mein Sohn ist wirklich prächtig geraten. Da gibt's nix, es gibt keinen besseren Jungen. Der hört auf mich, der ist zufrieden, der ist gesund, der ist motorisch und im Kopf total fix. Wieso kapriziere ich mich jetzt, bei meiner zweiten Schwangerschaft, bloß so auf dieses Nestding? Alle anderen möchte ich am liebsten wegbeißen. Aber ich kann mich doch auch nicht nach dem *Eva-Prinzip* richten. Dann müsste ich ja daran glauben, dass, sollte ich zu viel arbeiten – wobei ich gar nicht weiß, wie man das berechnen soll –, meine Kinder unglücklich und gefühlskalt werden. Das ist kompletter Wirsing. Ich mache mir richtig Sorgen um die Leute, die das glauben und danach handeln.

Markus: Ich finde es absurd: Erst kämpft man jahrzehntelang um die Gleichberechtigung der Frauen im Job, und noch immer ist man weit davon entfernt, dieses Ziel erreicht zu haben – und dann soll man wieder alles hinwerfen. In einer modernen Gesellschaft zu leben, heißt für mich, dass Frauen in jeder Hinsicht freie Entscheidungsgewalt darüber haben müssen, wie sie ihr Leben gestalten. Ich finde es grob fahrlässig, wenn jetzt postuliert wird, dass Frauen sich aus dem Berufsleben zurückziehen sollen, weil ansonsten nicht nur ihre Kinder, sondern auch sie selbst emotional verkümmern. Vielfach wird in diesem Zusammenhang das Argument herangezogen, dass es dann nicht mehr so viele Fälle von Kindesverwahrlosung geben würde. Aber ich glaube, das liegt an den Eltern selber und nicht daran, ob die Mutter zu Hause bleibt oder nicht.

Caroline: Die Frauen, die ihre Kinder zersägen und in die Gefriertruhe legen oder verhungern lassen, tun das nicht, weil sie berufstätig sind. Das Problem liegt darin, dass es überhaupt zu viele Leute gibt, um die sich niemand sorgt. Und diese Menschen kriegen dann aus Versehen Kinder. Und weil sie nicht wissen, was sie mit den Kindern anfangen sollen, zersägen sie sie. Das ist ein gesellschaftliches Desaster. Wenn Frauen ihre Kinder misshandeln, hängt dies meist mit einem Mann zusammen, der die Frau unterdrückt und sie zu dieser Tat regelrecht drängt. Um dem Mann zu gefallen, stellt sie dann das Kind ruhig.

Markus: Misshandlung ist ein Ventil, bei dem Gewalt von Männern auf Frauen übertragen wird und sich am Ende gegen die Schwächsten, also die Kinder, richtet. Durch den Druck, den Männer auf Frauen ausüben, empfinden Frauen wiederum ihre Kinder als Belastung. In solchen Konstellationen bleibt ein Kind an der Frau hängen, der Typ interessiert sich einen Scheißdreck für seinen Nachwuchs. Sie kann nicht sagen: «Hier hast du die Blage, kümmere dich drum und halt die Schnauze.» Schließlich betrachtet auch die Frau das Kind als Hindernis, das sie davon abhält, ein freieres Leben zu führen.

Caroline: In einem solchen Milieu könnte eine Atombombe hochgehen, und keiner von den Kerlen würde was merken. Dort hat man noch nicht mitbekommen, dass die Zeit für Männer eine andere geworden ist. Söhne, die sehen, wie ihr Vater die Mutter kleinmacht, werden ihre späteren Frauen ebenfalls unterdrücken, auf die gleiche brutale Art und Weise.

Markus: Aber zurück zum *Eva-Prinzip*: Das Buch war ein guter Realitäts-Check. So konnte man sehen, was in den vergangenen 40 Jahren falschgelaufen und was davon in Ordnung war.

Caroline: Bei uns im Wohngebiet gibt es einen Kindergarten, in den auch mein Sohn geht. Es ist jeden Tag ein Highlight, den Kurzen dort abzuholen. Ich glaube, das liegt daran, dass ich echt viel arbeite und mich die Arbeit glücklich macht. Wenn ich von neun Uhr bis fünfzehn Uhr gejobbt habe und dann den Kurzen hole, dann finde ich das total klasse. Das Kindererziehen soll dadurch nicht runtergespielt werden, es ist nicht weniger wert als der Beruf, aber ich finde mich einfach geiler, wenn ich Hansdampf in allen Gassen sein kann. Und auch mein Baby im Bauch steht völlig auf mich. Es findet mich extrem toll, wenn ich so vielseitig bin, das weiß ich. Aber man muss sich etwas suchen, das einen froh macht und ausgleicht. Im Prinzip muss man etwas haben, was nur dir selber Zufriedenheit gibt und was nichts mit den Kindern zu tun hat.

Markus: Einen Mann macht es ebenso glücklich, eine Familie zu gründen, wie eine Frau. Und im Berufsleben hat er genauso viel Spaß bei der Selbstverwirklichung wie sie.

Caroline: Sagen wir es mal so: Ich glaube, dass es Männer eher froh macht, wenn im Job alles prima läuft. Frauen legen ihre Prioritäten mehr auf das Privatleben. Wenn es Ärger zu Hause gibt, dann nehme ich ihn mit auf die Arbeit, und alles läuft mies, weil ich die ganze Zeit darüber nachdenke, was ich privat verändern kann. Wenn es aber Probleme im Job gibt und in der Familie ist alles bestens, dann tangieren mich die Berufsschwierigkeiten kaum.

Markus: Bei mir funktioniert es ähnlich. Ich habe nur Spaß an der Arbeit, wenn privat alles super ist, ich habe mich auch nie über berufliche Erfolge definiert. In Zeiten, in denen es im Job erstklassig lief, privat aber beschissen, war ich nicht glücklich – umgekehrt aber schon.

Caroline: Also sind wir beide Mädchen.

Markus: Mmhmm. Und wieso sind wir nicht beide Männer?

Caroline: Na ja, das sind die Hormone, das Feudeln und alles. Ich bin schon ein ziemliches Mädchen.

Markus: Wenn Männer zu Hause Stress haben, dann heißt es ja – wieder so ein typisches Klischee –, dass sie länger als nötig auf der Arbeit bleiben. Stallflucht nennt man das. Das war jedoch noch nie mein Ding. Ich habe das ein paarmal versucht, aber ich kam mir im Nachhinein immer so armselig vor. Ich wollte lieber privat alles wieder in Ordnung bringen, als abzuhauen und mir stattdessen zu gratulieren, dass ich bis zehn Uhr abends in meinem Büro gesessen und ganz tolle Dinge geschafft habe. Und Männer, die so lange arbeiten, weil sie ihre Kinder nicht ins Bett bringen wollen …

Caroline: … das sind Blödmänner.

Markus: Ich würde mich dann beschissen fühlen. Natürlich hat jeder andere Prioritäten, aber mein großes Ziel ist es, irgendwann eine Familie zu haben, mit der ich auch echt glücklich bin.

Caroline: Wobei deine Situation ja noch eine besondere ist: Wenn es bei dir arbeitsmäßig richtig gut läuft, dann zahlt sich das in barer Liebe aus, direkt vom Zuschauer empfangen. Ich meine, du bekommst sehr viel unmittelbare Anerkennung, und wenn dir trotzdem das Zuhause wichtiger ist, zeichnet dich das menschlich aus. Du könntest auch sagen: «Hier lieben mich alle, ein Heim habe ich nicht nötig.»

Markus: Aber das ist genau das, wonach ich nicht suche. Das ist zu einfach. Im Prinzip muss man nur sein Gesicht ins Fernsehen halten und nicht anecken, und schon kann man sich der Zuneigung vieler Menschen sicher sein. Klar, ich habe ein anderes emotionales Feedback als ein Typ, der bei Audi arbeitet und dann auf der Straße ein solches Auto vorbeifahren sieht. Er kann sich noch so reinsteigern, die Gefühlsverbindung ist in diesem Moment nicht sehr groß. Aber wenn dir ein Zuschauer auf der Straße entgegenkommt und sagt: «Du machst eine geile Sendung», dann kommt das schon ganz anders an, dann freut mich das natürlich sehr.

Caroline: Du könntest dich immer mehr darüber definieren.

Markus: Da bin ich anders veranlagt. Dieser Popstarkult war noch nie meine Triebfeder.

Caroline: Außerdem muss man ja nicht besonders helle sein, um durchzusteigen, dass der Kult auch relativ hohl ist. Die Leute mögen dich letztlich nicht um deiner selbst willen.

Markus: Dieser sogenannte Kult hat nichts mit mir zu tun. Keiner von den Zuschauern kennt mich wirklich. Ich wäre ziemlich naiv, wenn ich denken würde, dass ich beim Fernsehen irgendetwas für mein Leben erreicht hätte.

Caroline: Ich habe nochmal über meine vorherige Aussage nachgedacht, dass ich zufrieden bin, wenn es zu Hause gut läuft, zufriedener, als es ein Mann in einer vergleichbaren Situation wäre. Ich muss sie dahin gehend relativieren, dass ich erst richtig happy bin, wenn ich es schaffe, mit mir selber ganz cool zu sein. Ich kann mich nämlich an Zeiten erinnern, in denen alles blöd lief, ich mich aber sautoll fand. Vielleicht hängt die persönliche Zufriedenheit stärker davon ab, ob ich mich selber ganz geil finde, und weniger davon, ob Arbeit und Privates problemlos laufen. Für mich heißt das: Dieses Familienthema ist toll, und ich arbeite daran, dass man als Paar zusammenbleibt und sich etwas aufbaut. Aber wenn das nicht funktionieren sollte, dann würde ich mich überhaupt nicht wie ein Versager fühlen. Dann würde ich nicht denken: Scheiße, Korneli, du hast es jetzt das zweite Mal an die Wand gefahren.

Markus: Du kriegst das Kind auch, weil du es haben möchtest und weil es momentan in dein Gesamtbild passt. Du bist im Reinen mit dir. Für mich bist du, Caro, die Vertreterin einer neuen Generation Frau. Im Moment wirkt es vielleicht noch etwas ungewöhnlich, dass man mit 25 zwei Kinder hat und zudem eine erfolgreiche Entertainerin ist, aber da geht die Reise hin – oder sollte sie zumindest hingehen.

Caroline: Frauen, die Kinder kriegen und eine Zeitlang zu Hause bleiben, fürchten zwei Dinge am meisten. Zum einen haben sie Angst, dass sie den Anschluss im Job verlieren und sich nicht mehr selbst verwirklichen können, sondern nur noch die Kinder erziehen. Und zum anderen – und das hängt wiederum mit Ersterem zusammen – wollen sie in keine Abhängigkeit zum Mann geraten. Die Vorstellung, dass der Typ am Drücker sitzt und einen nach Belieben abschießen kann, im Sinne von: «Die Alte gefällt mir nicht mehr, die schicke ich jetzt mal in die Wüste», das raubt einigen den Schlaf. Das muss es aber nicht. Mit genügend Selbstbewusstsein kann man die vermeintlichen Abhängigkeiten auch positiv umdeuten. Ein kleines Beispiel: Ich kann mir jahrelang Vorhänge anbringen lassen, ohne zu verlernen, wie man selber welche aufhängt. Da ich beim Anbringen zugucke, weiß ich, wie das geht. Und dieses Bewahren von Fähigkeiten kann man auch auf andere Bereiche übertragen.

Markus: Hut ab. Du hast null Ängste, von einem Mann abhängig zu sein.

Caroline: Ich hab's ja schlau gemacht, ich habe für meine Kinder zwei Väter, also zwei Männer, die sich verantwortlich fühlen.

Markus: Deswegen plädiere ich ja für eine gleiche Aufteilung beim Job und bei der Kindererziehung. Und als Mann will ich daran mitarbeiten, dass die Geschlechter wirklich gleichgestellt sind.

Caroline: Ich fürchte, Markus, dass du nicht repräsentativ bist. So wie du denkst, dass ist schon große Klasse, aber es gibt viele Männer aus deinem Jahrgang, die nicht so tolerant sind und es ganz gern haben, wenn sie Mädchen unterdrücken können. Im Grunde sind aber nicht die Männer das Problem; entscheidend sind starke Frauen, die den Typen sagen, dass es so nicht geht. Aber du machst das von alleine, Wahnsinn.

Markus: Ich möchte auch keine Frau, die sich von mir unterdrücken lässt. Ich will Ebenbürtigkeit, und dazu gehört auch, dass ich mich in entsprechenden Situationen zurücklehne und meine Frau eher ermutige, sich ruhig ein bisschen aus dem Fenster zu lehnen. Meine physische

Stärke oder andere sogenannte männliche Verhaltensweisen würde ich nie in einer Beziehung ins Spiel bringen oder offensiv und ungefragt ausleben. Nicht nur Männer können gehen und sagen: «Ich habe keinen Bock mehr auf Familie.» Auch Frauen haben diese Macht. Da heißt es dann: «Tschüs, ich verlasse dich und nehme das Kind mit, jetzt zahl mal!» Dennoch glaube ich nicht, dass eine selbstbewusste, selbständige Frau permanent eine unterschwellige Gefahr für Männer darstellt und man mit ihr auf die Fresse fällt. Ganz im Gegenteil.

Caroline: Viele Männer haben aber Angst vor dem Kinderwunsch der Frau.

Markus: Ich weiß nicht, was bei mir falsch gelaufen ist, aber ich war immer der, der das Thema Kind auf den Tisch gebracht hat und dann von den Frauen abgebürstet wurde.

Caroline: Hast du den Kinderwunsch stets gleichzeitig mit dem Verlobungsring angeschleppt, oder war das zeitversetzt?

Markus: Es gab da ein Zeitfenster von vier Wochen. Die Frauen hatten noch genug Zeit, ihre Sachen zu packen.

Caroline: Aber für jemanden mit einem so intensiven Kinderwunsch bist du ganz schön kinderlos geblieben. Eine Erklärung könnte sein, dass deine Frauen die Erfahrung gemacht haben, dass man sich heutzutage relativ schnell und unverbindlich trennen kann. Die moralische Verpflichtung, zusammenzubleiben, ist eigentlich passé. Ich selber kenne kaum Paare, die es nochmal und nochmal probieren. In einem Teich, in dem viele bunte Fische schwimmen, denkt man leicht an Alternativen. Und wenn Frauen an Kinder und die ganzen Regelungen denken, die bei einer Trennung unweigerlich auftauchen, wer beispielsweise wann das Kind nimmt, können schon Horrorgefühle aufkommen.

Markus: Es stimmt, auf der einen Seite ist es schade, dass die Bereitschaft, um eine Beziehung zu kämpfen, nachgelassen hat. Es ist einfacher, wegzugehen. Andererseits ist es begrüßenswert, weil zuvor viele Menschen ein kreuzunglückliches Dasein führen mussten, weil sie nicht wegkonnten. Ich finde es schlimmer, eingesperrt zu sein, als in der einen oder anderen Situation schneller zu gehen, als es eigentlich angemessen wäre.

Caroline: Neulich unterhielt ich mich mit einer sehr netten Perle, die seit vierzehn Jahren mit einem Mann zusammen ist, den ich reichlich bescheuert finde. Ich sagte zu ihr: «Dein Typ ist bestimmt ganz schön anstrengend.» Sie antwortete daraufhin: «Er ist auch nur ein Mann, aber bei dem weiß ich wenigstens, was für Macken er hat.» Mir gefiel die Abgeklärtheit dieser Frau, die sich denkt: «Wenn ich jetzt nochmal losgehe und einen neuen Mann kennenlerne, dann habe ich zwar dieses Kribbeln im Bauch, aber schlussendlich entdecke ich auch wieder nur Fehler. Also bleibe ich lieber bei meinem Kerl, dessen Fehler sind mir bekannt, das irritiert mich nicht weiter, damit kann ich dealen.»

Markus: Ich weiß nicht so recht. Mir ist das zu rational, das klingt wie ein Nachhall aus den 90er Jahren, in denen eine Gesellschaft der Individuen gepflegt wurde. Es geht mir nicht darum, dass jeder in Zukunft eine Familie haben muss, aber es sollte jedem klar sein, dass man nicht der einzige Mensch auf der Welt ist und Freunde braucht, die einen mögen, einen Partner, der einen liebt.

Caroline: Da kommt wieder unser Romantiker zum Vorschein! Ich glaube, die Leute rücken nur wieder zusammen, weil die Wirtschaft runtergeht und die Kohle weniger wird. Sie wollen nicht alleine sein, wenn es ihnen total schlechtgeht. Und diese ganzen Kinder, die nebenan im Prenzlauer Berg geboren werden, scheinen mir auch mehr Accessoire zu sein als ein Produkt romantischer Gefühle.

Markus: So pragmatisch siehst du das?

Caroline: Es ist doch komisch: Menschen, die in den 90er Jahren auf Internet gemacht haben, haben sich nach dem Zusammenbruch der New Economy ein Kind zugelegt. Purer Zeitgeist. Ein Lifestyle-Accessoire.

Markus: Ich denke, dass diejenigen, die durch den Egotrip kaum noch Zwischenmenschlichkeit erlebten, nach einer Weile merkten, dass ihnen etwas gewaltig gefehlt hat.

Caroline: Nee, nee. In schwierigen Zeiten hängen die Leute lieber zu zweit vor dem Ofen ab. Auch bei diesem übereilten Heiraten, das nicht nur in Hollywood, sondern auch hier in Berlin zu beobachten ist, habe ich immer den Eindruck, dass die Menschen einfach nicht allein sein wollen, wenn es kalt und dunkel ist.

Markus: Ich kann meine romantischen Vorstellungen nicht einfach an den Nagel hängen. Wenn man heute heiratet, dann heißt das nicht automatisch, dass man dadurch das Leben seiner Eltern imitiert. Das kann man alles moderner gestalten. Und wer aus tiefen Gefühlen heraus eine Ehe eingeht, der muss nicht zwangsläufig seine Freiheit drangeben.

Caroline: Dieses Heiraten ... ich hab noch nie kapiert, wofür es eigentlich gut ist.

Markus: Ich muss auch nicht unbedingt heiraten.

Caroline: Heiraten ist bescheuert. Wahrscheinlich wird mein Freund erschrecken, wenn er das liest, denn manchmal machen wir uns aus Spaß umständliche Heiratsanträge. Aber im Grunde weiß auch er nichts damit anzufangen. Freunde haben sich in Rostock trauen lassen, und der Typ, der sie zusammengebracht hat, meinte, den Ton eines Pfarrers imitierend: «Ihr seid jetzt verheiratet, bis eure Liebe nicht mehr gilt.» Mit anderen Worten: «So lange wie ihr verknallt seid, so lange währt eure Ehe.» Das ist natürlich hochromantisch und setzt niemanden unter Druck.

Sie haben geheiratet, weil sie ihre Liebe feiern wollen, und nicht, weil sie sich für immer aneinander gebunden haben. Dieses «Für immer» ist der absolute Stress. Unsere Gesellschaft ist doch so Klasse geworden, Frauen können sich derart viel erlauben, warum muss man sich das durch eine Heirat wieder kompliziert machen?

Markus: Ich finde den «Für immer»-Gedanken aber ganz schön.

Caroline: Klar, dass du so denkst. Das ist auch völlig okay, aber nicht, wenn es unter Zwang passiert.

Markus: Ich finde es toll, wenn ich mit einem Mädchen zusammen bin und mir vorstellen kann, für immer so zu leben. Mir ist vollkommen bewusst, dass keine Unterschrift und auch kein Priester dafür sorgen wird, dass dem auch so ist. Aber diesen Gedanken finde ich tröstlich. Eigentlich ist es für mich das Wichtigste im Leben, dass ich einen Menschen an meiner Seite habe, der immer dableiben wird.

Caroline: Ist es nicht das Wichtigste, dass man sein eigener Kumpel ist?

Markus: Das ist die Voraussetzung. Ich definiere mein Glück nicht über einen anderen Menschen. Es heißt ja auch, dass man niemanden anderen lieben kann, wenn man sich nicht selbst liebt.

Caroline: Liebe ist für mich eine willkommene Zugabe, wenn man es schafft, mit sich zufrieden zu sein.

Markus: Was verstehst du eigentlich darunter?

Caroline: Dass man sich zum Beispiel akzeptiert, wenn man mal Blödsinn quatscht. Es gab Zeiten, da war ich sehr verunsichert. Jedes Mal, wenn etwas verbockt wurde, dachte ich, das sei meine Schuld. Schon wenn ich den Briefkasten öffnete, ging ich davon aus, dass da irgendwelche Mahnungen drin sind, weil ich was verkehrt gemacht habe. Das hörte aber schlagartig auf, als ich mich so annahm, wie ich war. Das Leben ist seitdem viel angenehmer geworden. Wenn mein Freund wochenlang fort ist und ich mit mir alleine sein kann, ohne das Gefühl zu haben, jemanden anrufen zu müssen, ohne das brennende Bedürfnis nach Gesellschaft, dann ist das für mich ein gutes Zeichen. Oder wenn ich viele Sachen anschiebe, dann weiß ich, ich habe gerade eine coole Zeit.

Markus: Brauchst du Mädels-Abende, um dich über Männer auszuheulen und um dein Selbstbewusstsein wieder aufzubauen?

Caroline: Nein. Ich hänge gern mit ein paar Ladys ab, aber sie sind für mein Wohlgefühl nicht entscheidend.

Markus: Ich schwöre, dass mir folgender Satz noch nie über die Lippen gekommen ist: «Ich muss mal wieder mit meinen Kumpels saufen gehen.» Dieses Männerbonding war noch nie ein Thema für mich. Es gibt zwei, drei Jungs, mit denen ich, wenn ich mal allein mit ihnen unterwegs bin, über Mädchen rede, aber diese Gespräche sind keine Eckpfeiler meines Lebens.

Caroline: Meinem Freund habe ich schon öfter gesagt: «Triff doch mal wieder einen haarigen Freund in der Sportbar.» Und zwar immer dann, wenn er anfing, hier in der Wohnung herumzuflippen. In solchen Situationen muss man Männer kurz rausschicken. Früher gingen Männer Holz hacken, aber die Möglichkeiten heute sind eingeschränkter.

Markus: Das stimmt, ich muss auch etwas machen, um mich abzureagieren, wenn etwas schiefgelaufen ist.

Caroline: Porsche fahren.

Markus: Ja, und das bei ganz lauter Musik. Oder ich gucke Fußball. Wenn ich Ärger mit einer Frau hätte und aus diesem Grund mit anderen Typen saufen ginge und mal so richtig den Mann rausließe, fände ich das armselig.

Caroline: Aber es ist doch völlig egal, was die Frau dann denkt, wenn du sowieso Krach mit ihr hast.

Markus: Wichtig ist nicht, was die denkt, sondern was ich denke. Die neuen Männer gehen eben nicht mit Kumpels saufen, sie werden auch nicht gemein oder gar physisch auffällig gegenüber ihren Frauen, sondern sie versuchen, ein sinnvolles Gespräch von Mensch zu Mensch zu führen, wenn es Stress gibt. Bei denen zählt nicht, wer die lautere Hupe hat. Für Männer, die gegenüber Frauen gewalttätig werden, fehlt mir jedes Verständnis, das finde ich total abscheulich. Das ist das größte Eingeständnis von Armseligkeit, das ich mir vorstellen kann. Es ist auch eine böse Unterstellung, wenn Männer behaupten, dass Frauen, die weinen, ihrerseits Gewalt ausüben. Frauen weinen nur, wenn man sie verletzt hat.

Caroline: Frauen, die Tränen einsetzen, um etwas zu erreichen, das ist 70er-Jahre-Kitsch. Frauen weinen, wenn sie Schmerzen haben, oder sie weinen vor Rührung. Wenn mir ein Mann unterstellen würde, ich täte das, um Druck auszuüben, dann würde mein Heulen schlagartig in Wut umschlagen. Und ich weiß nicht, ob ich an mich halten könnte, wenn der Typ sagte: «O Gott, jetzt heulst du auch noch.» Ich würde wahrscheinlich um mich schlagen, weil ich sein Verhalten als wahnsinnig ungerecht empfinden würde.

Markus: Hast du schon mal einen Mann geschlagen?

Caroline: Ja, leider. Gerade in letzter Zeit. Zu Anfang meiner Schwangerschaft war ich nicht so ganz Herr meiner Sinne. Da war ich so verwirrt, dass hier einiges los war. Und jedes Mal, wenn mir die Worte ausgingen und ich dachte, der Typ macht sich lustig über mich, der findet es witzig, wie ich mich gerade drehe und winde, da konnte ich mich kaum zurückhalten. Einmal hat er es mit der flachen Hand gekriegt. Es tat mir im nächsten Moment unglaublich leid, es war schrecklich. Und kürzlich bekam ich einen ganz krassen Wutanfall, wobei sich im Nachhinein herausstellte, dass ein Missverständnis vorlag. Mein Freund wollte mich, wie er später behauptete, eigentlich nur aufheitern. Und aus diesem Grund hat er mich ein bisschen gestupst und geschubst und mich vom Gehweg gedrängt. Ich aber fühlte mich in diesem Moment nur verhöhnt und nicht ernst genommen, regelrecht verarscht. Und weil ich mich ausgelacht fühlte – worum es letztlich bei dieser Angelegenheit ging, ist mir komplett entfallen –, habe ich laut geschrien: «Du verstehst mich nicht!» Im Prinzip war der ganze Augenblick absurd, aber seine Aufheiterungsversuche waren schlichtweg nicht angekommen. Ich sehe mich jetzt noch, wie wir vor dem Kindergarten standen und ich mit meinen Händen wie eine Irre auf ihn eintrommelte. Das war ein ziemlicher Ausbruch, und ich sammelte meine ganze Stärke, um mit meinen Mäusefäustchen auf einem 1,97 Meter großen Mann rumzutrommeln. Ihn hat das natürlich überhaupt nicht beeindruckt, er hat mich einfach stehenlassen. Und ich sah ganz schön doof aus.

Ich weiß, ich würde nie so loshämmern, wenn ich mich nicht enorm provoziert gefühlt hätte, aber ich war derart aufgebracht! Für mich war das eine Scheißsituation, weil ich gemerkt habe, dass ich aus der Reserve zu locken bin. Es ist mir ziemlich unangenehm, und ich möchte nie wieder auf diese Weise die Beherrschung verlieren. Und natürlich möchte ich auch nicht, dass das umgekehrt passiert, dass ich das Opfer eines solchen Wutausbruchs bin. Zwar gibt es den Ehrenkodex, dass ein Mann nicht zuschlagen darf, weil er viel mehr Kraft hat als eine Frau und ihr deshalb viel mehr weh tun könnte. Aber im Grunde ist das ein bisschen doppelbödig, denn der Typ könnte ja genauso in die Enge getrieben werden. Ich habe meinen Freund einmal derart in Rage gebracht, dass er eine Ananas genommen und sie mit all seiner körperlichen Stärke über meinem Laptop ausgedrückt hat, wohl wissend, dass es nichts Schlimmeres gibt, als klebrigen Fruchtsaft in eine Tastatur zu schütten – ein perfektes Worstcase-Szenario.

Markus: Mädchen schlägt man nie – so bin ich auch erzogen worden.

Caroline: Mein Freund offenbar auch, er hat mich ja nicht körperlich angegriffen.

Markus: Ich konnte allen Schlägereien aus dem Weg gehen, indem ich die Leute über den Haufen gelabert habe. Außerdem wussten sie, dass ich ein Karate-Crack bin.

Caroline: Das schützt einen enorm. Aber hat man bei Karate eigentlich Körperkontakt?

Markus: Bei Vollkontaktkarate gibt es ein paar Schläge, die, gezielt eingesetzt, jede dämliche Pöbelei im Keim ersticken. Bei Mädchen kannst du ein solches Vorgehen natürlich vergessen. Ich war einmal in einer Situation, in der mich meine Freundin dermaßen zur Weißglut brachte und mich so verletzte – sie hörte überhaupt nicht auf, mir weh zu tun –, dass ich kurz davor war, sie anzufassen und wegzuschubsen. Aber ich habe es dann doch seinlassen.

Caroline: Respekt.

Markus: Stattdessen lief ich den Bürgersteig entlang und bin fast durchgedreht. Ich war wahnsinnig wütend, und als vor mir eine Taube unseren Weg kreuzte – und da ich diese Viecher eh scheiße finde –, habe ich mit dem Fuß ausgeholt und diesem lahmen Vogel eine verpasst. Sie konnte gerade noch hochfliegen, ich habe sie nur gestreift …

Caroline: Im Grunde hast du ihr nur Starthilfe gegeben.

Markus: Obwohl es zehn Jahre her ist, werde ich dieses Bild nicht los. Es war mein einziger Gewaltakt gegenüber einer Frau, wobei ein unbeteiligter Dritter darunter leiden musste, eine bräsige Taube.

Caroline: Ich habe mal eine Ratte erschossen.

Markus: Nachdem du Stress mit deinem Freund hattest?

Caroline: Ja, allerdings nicht unmittelbar nach der Auseinandersetzung, sondern ein paar Stunden später. Ich hatte so eine Kanone mit gelben Kugeln.

Markus: Es gibt auch den einen oder anderen Fall, da habe ich Sachen kaputtgemacht, weil ich mich massiv über meine Freundin aufgeregt habe. Also, Handys an die Wand gepfeffert, ein ganzes CD-Regal vollkommen verwüstet.

Caroline: Deins oder ihrs?

Markus: Meins. Es stand gerade da, und ich habe es komplett aus der Wand gerissen und die CDs dann bestimmt eine Stunde lang kreuz und quer durch die Wohnung getreten.

Caroline: Deine eigenen CDs – wie doof.

Markus: Im Moment musste ich mich einfach abreagieren und merkte gar nicht, wie groß meine Zerstörungswut war. Erst am nächsten Tag sagte ich zu mir: «Hast du sie noch alle? Hättest wenigstens zu ihr fahren können, um vielleicht nochmal mit ihr zu reden oder so.» Und wenn das nichts geholfen hätte, hätte ich wenigstens ihre CDs durch die Wohnung treten können.

Caroline: Da fällt mir ein, ich habe mal wirklich was Großartiges gemacht, und ich kann es nur jedem zur Nachahmung empfehlen. Ich lernte einen Mann kennen, in den ich mich unfassbar verliebte. Wir waren genau vier Tage zusammen, als die Polizei aufkreuzte und ihn abholte. Zehnmal war er ohne Führerschein gefahren – und zehnmal war er erwischt worden. Die Geschichte brachte ihm acht Monate Knast ein, er saß in einer Zelle mit einem Raubmörder. Natürlich steigerte sich diese Verliebtheit, als der Typ ins Gefängnis kam. Zusätzlich war ich total opferbereit. Ich übernahm seine Wohnung, kümmerte mich um dieses und jenes, besuchte ihn im Knast, tat einfach alles, nur damit sich der Mann wohl fühlte. Ich habe sogar für ihn einige Sachen ins Gefängnis geschmuggelt. Als er dann Freigänger wurde, er also nur nachts in seiner Zelle sein musste, wurde es schon ein bisschen kühler zwischen uns. Am Tag seiner endgültigen Entlassung war klar, dass ich ihn unbedingt sehen wollte. Da sagte der Typ doch zu mir, als wir uns zum Essen trafen: «Ja, Caro, meine Gefühle sind nicht mehr so intensiv wie deine.» Ich schluckte, als ich das hörte, mein Herz schlug augenblicklich bis zum Hals. Vorsichtig fragte ich: «Gott, ist noch was?» – «Ja, mein Maiskolben wird gerade kalt.»

Der Mann war ein Riesenarschloch. Er hatte sich aber keine Gedanken über die Konsequenzen gemacht, denn ich besaß noch den Schlüssel zu seiner Wohnung. Als ich wusste, dass er nicht da war, ging ich hin und zerstörte gezielt Dinge, die ihm am Herzen lagen. Darunter waren zwei sehr große Lautsprecherboxen von Bose. Es war dumm von ihm gewesen, dass er mir irgendwann einmal erzählt hatte, an welchen Sachen er besonders hängt. Das war ein reiner Gewaltakt, aber mir tat es sehr, sehr gut. Ich würde es jederzeit wieder machen, wenn sich einer so fies mir gegenüber verhalten würde.

Markus: Hast du dich danach als Opfer gefühlt?

Caroline: Ich war damals gerade 18 und noch nicht so reflektiert. Aber ich spürte, dass ich als Frau ausgebeutet worden war. Ich hatte meine ganze Liebe, so viel Wärme und

Fürsorge investiert, aber er hat nur jemanden gebraucht, der ihm Sachen in den Knast bringt und zu bestimmten Leuten Kontakt hält. Als er aus dem Knast rauskam, war ich immer noch liebestrunken. Aber ich war nicht mehr wichtig für ihn, jetzt konnte er seine Kumpels selbst aufsuchen.

Markus: Aber das hat dich nicht zur Männerhasserin gemacht?

Caroline: Ich habe nur diesem Typen die Hölle gewünscht. Er stand auf meiner Shitliste ganz oben, jahrelang.

Markus: Generell habe ich Hemmungen, Aggressionen gegen einen bestimmten Menschen zu richten. Egal, wie es gelaufen ist: die Wut auf mich selber ist immer größer als auf die Person, die das Ganze angezettelt hat. Ich bin sauer auf mich, weil ich so blöd war, weil ich Sachen nicht gemerkt und mir nicht entsprechend Respekt in Zeiten verschafft habe, als es noch möglich war. Ich hatte das ja schon mal angedeutet: Wenn eine Beziehung zu Ende ging, musste ich mir jedes Mal – in nur geringen Abwandlungen – immer den gleichen Spruch anhören: «Du bist einfach zu lieb.» Aber so ist es auch: Ich würde nie eine Frau brutal anfassen, ich würde ihr nicht einmal verletzende Worte ins Gesicht schleudern.

Caroline: Zu mir hat mal einer Fotze gesagt, das war krass.

Markus: Das ist das Allerallerallerschlimmste.

Caroline: Es gehört zu den Worten, die allein schon beim Aussprechen eine unglaubliche Gewalt erzeugen, völlig unabhängig von der Bedeutung. Allein dieses aggressive «zzz». Für den Typen war es ein Ventil, um mir nicht ins Gesicht zu schlagen. Er hat kurz überlegt, ob er mir eine ballert oder dieses Wort sagt – und er entschied sich für die vergleichsweise softe Variante. Würde man beispielsweise einer Frau «Scheide» entgegenbrüllen, hätte das keine Wirkung. Aber jetzt mal allgemein gefragt: Sagt man Männern nicht eine mangelnde Streitkultur nach?

Markus: Ich bin nicht so der Streiter, eher ein Diskutierer. Ich mag es nicht, wenn es in Gesprächen laut und unsachlich wird. Das haben mir schon meine Eltern vorgelebt. Wenn einer von ihnen die Stimme erhob, was aber ganz selten vorkam, dann sagte der andere: «Schon klar, wer laut ist, hat immer recht.» Schon fühlt man sich ertappt. In den meisten Fällen brüllt man doch nur, weil man unrecht hat. Eine gute Streitkultur hat für mich mit ehrlichen Diskussionen zu tun. Ein paar Dezibel mehr gehen in Ordnung, wenn man das, was man gerade sagt, auch zu Ende bringen will. Doch wenn ich richtig laut werde, kann ich mich selber nicht mehr ernst nehmen.

Caroline: Ich finde es super, wenn es laut zugeht – außer das Kind ist in der Nähe. Ein Kind kann eine solche Situation nicht richtig einordnen. In Gegenwart meines Sohnes haben wir uns im Griff. Kannst du dich noch an den Film *Kill Bill* erinnern? Die Szene, die mir gerade einfällt, ist so ziemlich am Anfang des Films. Auf der Todesliste von Beatrix Kiddo steht eine Schwarze, die in einem Vorstadthäuschen lebt. Die beiden Frauen fighten miteinander, und es geht zwischen ihnen schon ziemlich blutig zu. In diesem Moment kommt das Kind nach Hause, und die streitenden Alten verstecken sofort die Messer hinter ihrem Rücken. Die Schwarze sagt zu ihrer kleinen Tochter: «Geh mal nach oben und mach deine Hausaufgaben», und als das Kind weg ist, machen die Frauen da weiter, wo sie aufgehört haben. Ich fand das geil, weil ein Streit sehr reinigend sein kann, auch wenn er heftig ist. Nicht mal ein wirklicher Grund für eine Auseinandersetzung muss vorhanden sein, manchmal geht es nur darum, negativen Druck rauszulassen. Es ist toll, wenn man sich dann anbrüllt und mit den Türen schlägt, aber nach einer Viertelstunde sollte man noch einmal in einem normalen Ton sagen, warum es eigentlich gegangen ist – denn wenn man sich anschreit, kann man auf keinen Fall Probleme lösen.

Markus: Mir ist das zu mühsam. Und wenn ich auch noch ahne, dass die ganze Kabbelei zu nichts oder im schlimmsten Fall vielleicht zu Verletzungen führt, die möglicherweise irreparabel sind, dann ist das reinste Energievergeudung. Schon deswegen bin ich absolut dafür, dass man sagt, was man auf dem Herzen hat – aber mit Bedacht.

Caroline: Aber schmeißt dein Mädchen etwa nie mit Essen?

Markus: Nein. Es gibt Situationen, die laufen bis zu einem bestimmten Punkt aus dem Ruder. Wenn ich von ihr die

Worte «du Arschloch» höre, weil ich tatsächlich irgendeinen Scheiß gebaut habe, dann brülle ich nicht zurück: «du blöde Sau», um mir dadurch einen kleinen Vorsprung zu verschaffen. Das ist eher der Moment, in dem ich erst mal still bin und sage: «Es tut mir leid.»

Caroline: Nachdem sie dich «Arschloch» genannt hat.

Markus: Wenn es gerechtfertigt ist, trete ich auf die Bremse, damit es nicht eskaliert. Meine Freundin funktioniert ähnlich, und wenn wir unseren Streit an Ort und Stelle beendet haben, geht es uns nach einer halben Stunde wieder gut.

Caroline: Aber wo gehst du denn hin mit deiner Wut, wenn du mal welche hast?

Markus: Ich kann es ganz gut kanalisieren, obwohl ich mir manchmal wie ein Unterdruckschnellkochtopf vorkomme.

Caroline: Der Unterdruckschnellkochtopf, der brodelt nur, nicht wahr? Der explodiert nicht.

Markus: Und was drin ist, wird umso schonender und besser gar. Zudem bleibt meine Zerstörungswut unter Verschluss, bis ich wieder genießbar bin. Aber es stimmt, ich bin schwer aus der Fassung zu bringen.

Caroline: Aber weil ich nicht wieder auf jemanden eintrommeln will, selbst wenn mein Freund mich betrügen sollte, bin ich dazu übergegangen, mit Essen zu schmeißen. Ich hatte ja schon eine solche Szene geschildert.

Markus: Irgendwohin oder gezielt auf den Typen?

Caroline: Auf ihn natürlich. Wenn ich das irgendwohin donnere, dann muss ich das ja selber wieder wegmachen. Für mich hat es etwas sehr Demütigendes, wenn man mit Essen beschmissen wird. Das ist gar nicht schön. Andererseits ist es so, dass man bestimmte Lebensmittel gut platzieren kann. Ich finde, Wurstscheiben machen sich da hervorragend, oder das Innere von Brötchen.

Markus: Jedenfalls ist das angenehmer als etwa Kokosnüsse.

Caroline: Es soll nicht weh tun, und ich habe gemerkt, dass ich dadurch schnell wieder ruhig werde.

Markus: Für mich hat das etwas Slapstickmäßiges, jemanden mit Essen zu bewerfen. Ich würde anfangen zu lachen, als Geschädigter oder auch als Werfender.

Caroline: Das kommt ein bisschen darauf an, was vorher passiert ist. Ich kriege nämlich einen ziemlich fiesen Gesichtsausdruck, wenn Streit in der Luft liegt. Ich habe auch immer das Gefühl, wenn Männlein und Weiblein miteinander kämpfen, geht es oft darum, wer jetzt wem beweist, dass er ganz ruhig bleiben kann. Wenn sich zwei Männer oder zwei Frauen fetzen, steht das nicht so sehr im Vordergrund. Und aus diesem Grund sehe ich das Essenschmeißen bei meinem Typen als gute Variante an. Es hat doch etwas Überlegenes an sich, wenn man mit Nahrungsmitteln wirft. Hinterher habe ich nicht mal mehr das Bedürfnis, eine Tür zuzuknallen.

Markus: Ich mache das alles mit Worten. Wenn ich merke, dass ich zunehmend aggressiver werde, weil mir das Geschimpfe meines Mädchens auf den Sack geht, lege ich in meinem Kopf, bevor ich in den roten Bereich gelange, einen Fünfzeiler zurecht. Diese Sätze sind fast wörtlich vorformuliert und dermaßen gestanzt, dass sie auf Knopfdruck rausschießen.

Caroline: Und wenn dein Gegenüber dich dann auslacht?

Markus: Irgendwie scheine ich mit meinem Fünfzeiler eine unmissverständliche und klare Ansage zu machen. Ich könnte dir sofort zehn Fälle aufzählen, da hat mein Vorgehen perfekt funktioniert. Und ich wüsste mit Mühe und Not nur einen, wo ich nicht ernst genommen wurde.

Caroline: Abgefahren. Vielleicht solltest du in solchen Situationen die Dosis erhöhen, statt eines Fünfzeilers einen Zehnzeiler raushauen.

Markus: Ich habe auch so ein wahnsinniges Gerechtigkeitsempfinden. Wenn ich mich verarscht fühle, kann ich in Sekundenschnelle eine Grenze ziehen, da gibt es kein Vertun. Da kann man sich als Frau nur noch überlegen, ob es nicht besser ist, zu gehen.

Caroline: Man verscherzt es sich also mit dir, wenn man als Frau die Grenze überschreitet?

Markus: Genau, und darauf haben die Mädchen auch keinen Bock.

Caroline: Ich will auch so überlegen werden, einen Fünfzeiler raushauen – und dann ist alles gut. Du bist ein ideales Vorbild, denn man macht sich grundsätzlich lächerlich, wenn man ausflippt.

Markus: Selbst wenn ich vor Wut heulen könnte, niemals würde ich das vor dem Mädchen tun.

Caroline: Auch nicht bei einem Seitensprung? Wenn du deine Freundin, wie ja schon erlebt, in flagranti ertappst?

Markus: Wohl wahr, mit dieser Situation kann ich dienen. Aber damals war ich nicht darauf vorbereitet. Jetzt habe ich mehr Szenarien im Kopf, wie ich reagieren würde, sollte es mich mal wieder treffen.

Caroline: Ich kenne das. Sollte mir das passieren, stehen mir mehrere Verhaltensvarianten zur Verfügung, von einem großen Geschrei bis hin zu dem Satz: «Kannst du mal bitte von meinem Mann runtergehen?» Selten ist man moralisch so auf der sicheren Seite, wenn man den Partner in fremder Umarmung erwischt. Aber die meisten tun einem nicht den Gefallen, sich auf frischer Tat ertappen zu lassen. Sollte das mal geschehen, fällt mir gerade auch noch ein, würde ich mal kurz rausgehen und mir mein Lieblingsszenario überlegen, bevor ich wieder reingehe. Diesen Moment würde ich nicht einfach verstreichen lassen, sondern ihn auskosten.

Markus: Ich war damals nicht zufrieden mit meiner Reaktion, ich hätte etwas souveräner und schlagfertiger sein können. Einfach mal «Hallo!» sagen, direkt das Gespräch suchen, ein bisschen plaudern, was weiß ich – damit die beiden sich wenigstens genauso scheiße fühlen wie ich.

Caroline: Was hast du nochmal gesagt, ich hab's schon wieder vergessen?

Markus: «Oh, ich gehe dann mal wieder.» Da war null Power in der Ansage. Ich war einfach nur vollkommen verstört und habe mich auf und davon gemacht.

Caroline: Aber fürs nächste Mal bist du vorbereitet.

Markus: Ich will nochmal aufs Streiten zurückkommen. Was ist, wenn du mit deinem Partner eine Auseinandersetzung hast, weil er einen Job in New York annehmen will?

Caroline: In diesem Moment fühlt man sich als Person möglicherweise ein wenig verraten, weil dein Typ andere Prioritäten setzt. In einem solchen Fall kann man wütend werden. Da sagt man: «Wieso, wir haben hier eine Beziehung, du kannst doch nicht nach New York gehen!», und dein Gegenüber meint: «New York ist wichtiger als die Beziehung.»

Markus: Du könntest aber auch sagen: «Wenn das so wichtig für dich ist, dann mach das, ich halte zu dir.» Das wäre ein Liebesbeweis.

Caroline: So weit bin ich noch nicht.

Markus: Solche neuen Lebensumstände müssen genau überlegt und besprochen werden. Wichtig ist es, herauszufinden, welche Motivation hinter dem New-York-Wunsch steckt. Was erwartet der Partner, der dort hingehen will, von dieser Aktion, und welche Rolle spiele ich dabei? Wenn man das weiß, kann man entsprechend reagieren. Und wenn die Person sagt: «Ich muss es machen, aber ich möchte dich nicht verlieren, weil ich dich liebe», dann kann es ganz gut ausgehen.

Caroline: Man kann es auch anders auslegen; du setzt mit einem solchen Satz deinem Partner nämlich die Pistole auf die Brust. Dadurch hat derjenige, der zurückbleibt, einfach keine andere Wahl, als nur noch zuzustimmen.

Markus: Bei Fernbeziehungen stellt sich heraus, ob die Gefühle stark genug sind, um so etwas durchzustehen. Wenn sich im Laufe der Zeit herausstellt, dass sie es nicht sind, dann kann man das als eine Art Beziehungsbarometer begreifen. Aber ich habe diese Erfahrung noch nicht gemacht, meine Beziehungen wurden noch nicht so vielen Extremsituationen ausgesetzt. Ich weiß nur: Wenn man sich dem anderen zuliebe etwas verkneift, dann rächt sich das. Vielleicht funktioniert die Beziehung für den Moment besser, aber irgendwann gibt es den Bumerang-Effekt. Es ist besser, alle Wünsche anzusprechen, anstatt sie unter den Teppich zu kehren.

Caroline: Grundsätzlich muss man sich fragen, wie wichtig eine Beziehung überhaupt für einen selber ist. Welchen Stellenwert nimmt sie im eigenen Leben ein?

Markus: Man muss auf jeden Fall ein Team sein.

Caroline: Aber man muss auch daran denken, dass man sich heutzutage schneller trennt. Wie wir schon eben gesagt haben: Da hat man den tollen Job in New York oder London aus vermeintlicher Liebe nicht angenommen, und der Typ ist kurz darauf weg.

Markus: Ich beharre auf meinen Teamgedanken bei Partnerschaften, und diesen will ich mal auf meinen Lieblingssport übertragen – Fußball. Dort gibt es Mannschaften mit elf Individualisten, in der jeder sein Süppchen kocht, und dann aber auch Mannschaften ohne Stars, ohne Individualkünstler. Das ist für mich ein Team, diese Mannschaften funktionieren auch besser. Also, wenn Porto die Champions League gewinnt, dann heißt das für mich, übertragen auf das Beziehungsmodell: Eine Partnerschaft klappt in einem funktionierenden Team besser, als wenn man sich zu sehr auf seinen Individualismus konzentriert.

Caroline: Das Beispiel hinkt für mich. Einer Mannschaft wie Porto bleibt nur eine bestimmte Zeit, etwas Großes zu erreichen. Die Spieler werden alt, sie bilden keine Teams für die Ewigkeit – im Sinne von: «Bis dass der Tod euch scheidet.» Beziehungen, auch wenn die Wirklichkeit meist anders aussieht, gehen davon aber vielfach aus. Du als Romantiker hast das oft genug anklingen lassen.

Markus: Okay. Ich frage jetzt mal anders herum: Inwiefern haben Mann-Frau-Beziehungen etwas Narzisstisches an sich? Geht es bei ihnen vielleicht nur darum, das eigene Gutsein, den eigenen Individualismus zu verdoppeln, weil das Paar aus zwei tollen Personen besteht? Oder ist es nicht eher so, dass man sich gegenseitig ergänzt und die jeweiligen Schwächen ausgleicht und sich dadurch erst etwas Großartiges ergibt?

Caroline: Im Optimalfall vermischt sich das wahrscheinlich.

Markus: Zwei Supertolle, die sich auch noch ergänzen?

Caroline: Wäre doch möglich, oder?

Markus: Meinetwegen gerne.

CARO ÜBER IHREN TRAUMMANN

Ich will 'nen Ca-hauuu-boy als Mann.
Dabei kommt's mir gar nicht auf das Schießen an,
denn ich weiß, dass so ein Cowboy küssen kann.
GITTE

Und was soll das sein?

Das mit dem Cowboy ist schon 'ne gute Spur, aber wissen wir nicht spätestens seit dem Film *Brokeback Mountain* (der mit den schwulen Cowboys), dass solche Herdentreiber, die nach außen hin den unzerstörbaren Mythos aus gehärtetem Stahl verkörpern, von innen zu zart sind, um es mit Frauen aufzunehmen?

Die Suche nach dem Traummann geht also weiter. Woher nehmen, wenn nicht Gwen Stefani stehlen? Ja, der Gavin Rossdale, das wäre schon ein Mann nach meinem Geschmack, zumal er im Gegensatz zu seiner Frau auch ungeschminkt echt was hermacht.

Wohlan, die Liste ist lang, so will ich denn beginnen:

Der Traummann soll es länger als fünf Minuten mit sich allein aushalten. Schön wäre, wenn er einige handwerkliche Fähigkeiten mitbringt, die gelegentlich im eigens für mich errichteten Palazzo zum Einsatz kommen. Überhaupt darf er zu mir wie folgt sprechen: «Du bist schön, ich baue dir ein Haus.»

Auch schätze ich am Traummann, dass er mich zu nehmen weiß, dass er mich ausschimpft, wenn ich sein Auto vollmülle, mit der *Gala*, der *Bunten*, der *InStyle*, einer Flasche polnischem Wodka und ausgelaufenem, sehr rotem Lippenstift. Dann sagt der Traummann zur Traumfrau: «So geht das aber nicht, das nächste Mal räumst du das selber weg.»

Der Traummann kann kochen, und zwar richtig gut. Also, jetzt nicht Pommes an Mayo, sondern zartes Lamm mit Zitronengras-Sorbet an Waldbeerensulz mit Hüftfilet-Gelee von Stubenküken. Nein, das ist nicht unmännlich, das ist genau richtig!

Der Traumann hat Geheimnisse: Erst drei Jahre nachdem wir uns kennengelernt haben, erzählt er mir, dass er Tipp-Ex erfunden hat, ihm Ikea gehört und er aufgehört hat, für den Geheimdienst zu arbeiten, als man drohte, seine Mutter um die Ecke zu bringen.

Er freut sich an Kleinigkeiten, der Traummann. Immer wieder macht er mich am Wegesrand auf seltene Frühblüher aufmerksam. Aber, und das ist wichtig, er hebt keine Blumen zwischen Buchseiten auf. Dort verwahrt er nämlich seine Banknoten aus fernen Ländern.

Er zitiert Heine, Rilke und Fontane, hin und wieder denkt er sich was dazu aus. Weil: Er kann auch nicht alles, der Traummann.

Und beim Einschlafen, da pupst er leise zweimal. Ich pupse nicht, das habe ihm voraus.

MARKUS ÜBER SEINE TRAUMFRAU

Das Wort Traumfrau existiert eigentlich in meinem Wortschatz gar nicht. Auch wenn ich auf meine vergangenen Beziehungen zurückblicke, kristallisiert sich da kein bestimmter Typ Frau heraus. Insofern kann es an dieser Stelle nur absurd werden. Hier also mein bescheidener Anforderungskatalog für die eierlegende Wollmilchsaufrau:

Sie muss wahnsinnig hübsch sein. Ich will mir an jedem Morgen nach dem Aufwachen aufs Neue denken: Das ist die schönste Frau der Welt, ich will nie mehr mit einer anderen zusammen sein. Wobei Schönheit natürlich im Auge des Betrachters liegt. Apropos Augen: Die dürfen bei meinem Mädchen gerne blau sein, ich mag doch das Meer so gerne.

Sie muss lustig sein. Ich möchte lachen mit meiner Traumfrau, denn lachen heißt lieben. Hin und wieder wäre also ein guter Gag prima. Genauso wichtig: Sie muss über meine Gags lachen können, zumindest über die guten.

Sie muss sich ein bisschen mit Musik auskennen. Na ja, zumindest sollte sie ein Verhältnis dazu haben und so etwas wie Geschmack erkennen lassen. Ich war mal bei einem Mädchen zu Hause, das eigentlich sehr apart war. Als ich ihr CD-Regal sah, in dem recht traurig *Rage Against The Machine, Herbert Grönemeyer* und eine *Bravo-Kuschelrock*-Compilation rumstanden, bin ich ohne knutschen gegangen und niemals wiedergekommen.

Optimal wäre: gerne tollen Indiekram hören und ausgelassen zu Electro tanzen.

Und damit sind wir auch schon beim nächsten Punkt, denn: Sie muss sich bewegen können. Wer beim Tanzen den Takt nicht trifft, ist auch schlecht im Bett. Ein wenig Grazie sowie

Trittsicherheit und Anmut auch mit hohen Schuhen wären toll.

Sie muss meinem Jungskram gegenüber wohlgesinnt sein. Dazu gehören ein wenig gütige Milde und vor allem keine blöden Kommentare, wenn ich Fußball gucke. Dazu gehört es auch zu wissen, worin der Unterschied zwischen Männern, die einen alten Porsche, und denen, die einen neuen Porsche fahren, besteht.

Sie muss ihren Mädchenkram selbstbewusst erledigen, also Schminksachen und schöne Anziehsachen kaufen, *Sex and the City* gucken, über Männer reden, all das. Frauen, die unbedingt mit mir ins Stadion oder mein Auto richten wollen, sind mir eher suspekt.

Sie muss ein großes Herz haben und darf nicht in mich reintreten, wenn ich ihr mein Herz zur freien Verfügung auf dem Silbertablett überreiche.

Das ist das Allerwichtigste.

GANDHI-MÄNNER AUF DEM VORMARSCH!

Caroline: Vor ein paar Tagen habe ich einen unglaublichen Mann an einer Tankstelle gesehen, der mich sehr beeindruckt hat. Er hatte einen Gesichtsausdruck wie Gandhi. Der Typ wirkte total entspannt. Er war vor mir an der Zapfsäule, der Zapfhahn steckte im Tank, auf seinem Arm befand sich ein circa zweieinhalbjähriges Kind, und mit einer unheimlichen Ruhe putzte er die Frontscheibe. Alles passierte gleichzeitig, der Mann lächelte, redete mit dem Kind, und auch das schien total zufrieden zu sein. Als ich die Szene beobachtete, dachte ich: «Was für ein leistungsfähiger, cooler, unglaublicher Mann, der hat bestimmt keine Frau, und deswegen muss der alles alleine machen ...»

Markus: Siehste!

Caroline: ... und als mein Blick dann weiter an dem Auto entlangglitt, saß da auf dem Beifahrersitz eine genauso entspannte Frau. Ich fand das einfach toll. Wobei ich nicht genau weiß, was ich aus diesem Bild schließen soll, aber es wirkte total modern auf mich. Klasse, wie sich die Alte aus dem Ganzen herausgehalten hat, einfach nur auf dem Beifahrersitz hocken blieb, lächelnd, und ihr Typ die Situation mit einer unglaublichen Ruhe rockte. Anschließend entbrannte eine Diskussion zwischen mir und meinem Freund, der mit mir im Auto war, weil ich meinte, wenn sämtliche Männer so leistungsfähig wären und mehrere Sachen auf einmal erledigen könnten wie dieser Gandhi hier, dann gäbe es im Zusammenleben viel weniger Probleme.

Markus: Aber es ist doch bekannt, dass Männer lange nicht so multitaskingfähig sind wie Frauen.

Caroline: Aber dieser hat es draufgehabt. Er war genau der Typ, der meine Theorie stützt: Wenn Männer es so raushaben wie der Kerl an der Zapfsäule – oder wie Gandhi –, dann dürfen sie auch wieder mitspielen. Das habe ich auch zu meinem Freund gesagt, was ihn ungemein aufregte.

Markus: Deine Theorie vom Mitspielen? Die ist mir nicht bekannt.

Caroline: Wenn wir sie nochmal auf den Fußball beziehen wollen, dann sitzen die Männer im Moment am Spielfeldrand und sehen zu, wie die Frauen das Spiel machen. Und wenn sie mal wieder eingewechselt werden wollen, dann müssen sie sich aber gewaltig anstrengen.

Markus: War es ein Junge oder ein Mädchen auf dem Arm des Mannes?

Caroline: Weiß ich nicht. Das Kind war klein und niedlich.

Markus: Wahrscheinlich ein Junge, der schon ganz früh in die Männerdomänen eingeweiht werden soll …

Caroline: In die hohe Kunst des Scheibenputzens?

Markus: Na, der riecht gleich das Benzin, der Rüssel steckt drin, und Mutti sitzt im Auto.

Caroline: Ach, so habe ich das nicht gesehen. Der Typ machte auf mich einen eher weiblichen Eindruck.

Markus: In dieser Szene, die du beobachtet hast, gab es eine klare Aufgabenverteilung. Multitasking eines Mannes kann ich da weniger erkennen.

Caroline: Du hast recht: Das Bild von dem Mann an der Zapfsäule verliert an Bedeutung, weil es was mit Motoren zu tun hat.

Markus: Nein, das stimmt nun auch wieder nicht. Er hatte eine besondere Ausstrahlung für dich.

Caroline: Irgendwie war der so geil. Ich konnte ihn eine Weile beobachten, weil ich selber auf dem Beifahrersitz saß und mein Mann sich um das Benzin kümmerte. Als dann der Tank bei dem Gandhi-Typen voll war und es dieses Klicken gab, da verfiel er nicht einmal jetzt in hektische Bewegungen. Seelenruhig legte er den Lappen weg, den er zum Saubermachen der Scheiben benutzt hatte, ruckelte nochmal sein Kind auf dem Arm hoch, hängte den Zapfhahn an der Säule ein und ging mit dem Kind ins Tankstellenhäuschen, um zu bezahlen. Alles lief gemächlichen Schrittes ab, es kam keine Panik auf, obwohl der Mann verschiedene Sachen auf einmal hinkriegen musste.

Markus: Top.

Caroline: Das war wirklich beeindruckend.

Markus: Also ein Mann zum Verlieben.

Caroline: Na gut, der Typ war jenseits der 50. Ich verknalle mich eigentlich immer in organisierte Jungs, die alles ganz gut hinkriegen.

Markus: Das hat sicher eine Ursache.

Caroline: Wenn mich einer fragen würde, welche Männer ich am geilsten finde, dann ist das eher der Konstantin-Wecker-Typ, den ich mit meinen heutigen Erfahrungen vielleicht ein bisschen lenken könnte. Aber du hast eben gesagt, dass dir als Ideal einer Beziehung ein Team vorschwebt. Würde mein Tankstellenbild deinem Ideal entsprechen?

Markus: Die Frau erscheint mir ein wenig passiv. Aber wenn man es ganz romantisch auf die Gesamtsituation dieses

Paares überträgt, dann könnte man Anzeichen für eine funktionierende Teamarbeit sehen.

Caroline: Es war schon mal ein gutes Zeichen, dass alle Personen Zufriedenheit ausstrahlten.

Markus: Kennzeichen eines Teams ist auch eine klare Verteilung der Kompetenzen. Man pfuscht nicht in das hinein, was der andere kann. Wenn beide das, was sie gut können, in die Waagschale werfen, dann muss es wie geschmiert laufen.

Caroline: Im Fall des Ehepaares an der Zapfsäule können wir darüber nur spekulieren.

Markus: Prinzipiell könnte es sein, dass der Gandhi-Typ sagt: «Ich mache alles und …»

Caroline: « … ich kann alles.»

Markus: Dann sitzt du als Frau nur da und guckst zu.

Caroline: Das kann natürlich sein. Aber wenn man einen solchen Mann gefunden hat und dieser ein derartiges Verhalten auch noch toll findet, dann ist meiner Meinung nach nichts dagegen einzuwenden. Mir fällt gerade auf: Deine Teamvorstellung widerspricht der These, mit der wir uns hier die ganze Zeit abkämpfen: dass die Frauen das Geschlecht von morgen sind.

Markus: Ist es so? Je länger ich wiederum darüber nachdenke, umso mehr finde ich, dass diese These vollkommen überzogen ist. Das würde implizieren, dass es eine totale Wachablösung in der Dominanz der Geschlechter gibt. Und was wäre dann der nächste Schritt? Kommt dann die Männeremanzipation? Der Maskulinismus statt des Feminismus? Nein, die ideale Emanzipation besteht für mich darin, dass eine Frau mit einem Mann ein Team bilden kann. Es geht nicht darum, dass jemand die Nase vorn hat. Und wenn gesagt wird, dass die Frauen die Männer von morgen sind, dann bleibt immer noch die Frage, ob die das überhaupt wollen.

Caroline: Darf ich da mal kurz widersprechen?

Markus: Hm.

Caroline: Es geht darum, dass einer die Nase vorn hat. Schon seit ewigen Zeiten.

Markus: Ja, zwischen Menschen allgemein. Das ist aber nicht ein spezielles Mann-Frau-Phänomen.

Caroline: Das sehe ich anders. Schau mal rüber zu den anderen Häusern – hinter jedem der beleuchteten Fenster, also in ganz vielen Haushalten, tobt ein Kampf, ein Kompetenzgerangel. Davon bin ich überzeugt.

Markus: Das wäre schade. Dann muss jeder von seinem Kompetenzrösslein runtersteigen und sagen: «Du kannst das, ich kann das, wir schmeißen unsere Talente zusammen.»

Caroline: Geht es nicht immer darum, sich so selbständig wie möglich zu positionieren? Klar ist es schöner und weniger nervig, wenn du noch einen an deiner Seite hast, der die Verantwortung mit dir teilt, aber es geht auch ohne. Selbst mit Kindern, wie ich ja schon behauptet habe.

Markus: Bei den Herausforderungen im Leben lässt man sich aber gerne helfen. Weißt du, es verlangt auch keiner von einem Arbeiter in der Fabrik, dass er von vorne bis hinten komplett ein Auto zusammenbaut. Da gibt es Leute, die lackieren, dann andere, die den Motor einsetzen, eine dritte Gruppe, die die Karosserie designt – und am Schluss kommt etwas Brauchbares dabei raus.

Caroline: Meiner Meinung nach liegt es in der Natur des Menschen, dass er gern alles können möchte. Das ist der Wunsch nach Omnipotenz.

Markus: Ich will noch einmal auf die mögliche Dominanz der Frauen eingehen. Männer, so liest man allenthalben in den Medien, sind verunsichert, weil die Frau immer häufiger mehr verdient als der Mann, weil Frauen heutzutage mehr Berufschancen haben als Männer, also die Quote der weiblichen Erwerbstätigkeit weiter steigt und die der Männer stetig zurückgeht. Frauen gelten als durchsetzungs- und durchhaltefähiger, und dann leben sie auch noch länger. Das angeblich starke Geschlecht in den Industrienationen stirbt durchschnittlich sechs Jahre früher als das vermeintlich schwache.

Caroline: Aus dem Mund unserer jetzigen Bundeskanzlerin Angela Merkel habe ich tatsächlich etwas gehört – und ich habe nicht viel von ihr gehört, was nicht auch ein Mann hätte äußern können –, das mich sehr beeindruckte. In einer Diskussion kurz vor der Wahl, in der es darum ging, wie sie die Frauen unterstützen würde, wenn sie Kanzlerin werden würde, sagte sie, dass die Frauen eigentlich die fähigsten Mitglieder in unserer Gesellschaft seien. Sie seien nämlich am ehesten in der Lage, spontan zu reagieren und Sachen zu wuppen, besonders wenn sie mehrfache Mütter sind. Permanent seien Frauen mit Situationen konfrontiert, die sie auch nicht voraussehen könnten. Die ganze Zeit über müssten sie in den größten Turbulenzen Ruhe bewahren, und wenn sie, also die Frau Merkel, einen Großkonzern leiten würde, würde sie nur Frauen anstellen, die viele Kinder haben. Wenn Frauen das schon mal geschafft hätten, dann bekämen sie auch noch anderes auf die Reihe.

Markus: Frauen sind ohne Zweifel extrem stressresistent, flexibel und organisatorisch begabt. Schon beeindruckend, dass Frau Merkel das von sich gegeben hat, obwohl – oder gerade – weil sie keine Kinder hat.

Caroline: Mich hat diese Aussage aus dem Mund dieser Dame volles Brot beeindruckt. Das fand ich schlau und toll, und ich stimme ihr zu. Jetzt, wo ich diesen dicken

Bauch vor mir her schiebe, gucke ich mir immer Frauen an, die zwei Kinder haben. Im Supermarkt sah ich gerade wieder so eine, es fehlte nur noch der Heiligenschein. Die war so was von locker mit ihren beiden Kindern. Das eine Kind war ungefähr fünf Monate alt, das andere etwa drei oder vier Jahre. Die Mutter schwebte geradezu elfengleich durch den Laden, sie koordinierte alles, als hätte sie zehn Hände. Unglaublich!

Markus: Na gut, dann müssen die Männer das halt lernen. Ich hätte voll Bock darauf.

Caroline: Ja? Neigen Männer nicht eher zu Depressionen?

Markus: Das sind nur die Luschen, die jetzt anfangen herumzuheulen, weil sie befürchten, dass die Wachablösung kurz bevorsteht. Diese Männer können nicht damit umgehen, dass auch Frauen die Fäden in der Hand halten können.

Caroline: Ich denke, die entspannten Männer machen weiterhin ihr Ding.

Markus: Die entspannten Typen sagen: «Was die Frauen besser können, dürfen sie auch machen, das ist voll okay.» Diese Männer haben keine Angst vor der Zukunft. Wenigstens würde ich es mir wünschen.

Caroline: Auch, dass die Frauen noch mehr machen?

Markus: Ja.

Caroline: Glaubst du eigentlich, dass Frauen die besseren Politiker sind?

Markus: Ich glaube schon. Ich bin mir auch sicher, dass es dafür in Zukunft noch viele Beweise geben wird. Mir wäre zum Beispiel wesentlich wohler, wenn die USA mal von einer Frau regiert würden. Ich kann mir nicht vorstellen, dass es dann noch so vollkommen wahnwitzigen Irrsinn wie Einsätze in Vietnam oder Irak geben würde. Ich würde mir auch Frauen an der Spitze von Staaten wie Nordkorea und Iran wünschen. Frauen bringen Frieden, dessen bin ich mir sehr sicher.

Caroline: Frauen sind weniger triebgesteuert, folglich würden sie sich nicht dabei erwischen lassen, wenn sie sich einen blasen lassen oder so. Sonst gibt es, glaube ich, nicht viele Unterschiede, was Durchsetzungsvermögen, Diplomatie und Integrität angeht. Und wie schätzt du dich selber ein? Hast du mehr Kompetenzen als eine Durchschnittsfrau?

Markus: Bestimmt nicht. Ich messe mich ja nicht an Frauen, auch nicht an Männern, sondern einzig und allein an Menschen.

Caroline: Das ist abgefahren, ich messe mich nur an Männern. Ständig gucke ich ihnen zu und frage mich, ob ich das auch könnte.

Markus: Wenn es darum geht, im Leben irgendwas auf die Beine zu stellen, dann denke ich ziemlich geschlechtslos. Auch so Sätze wie: «Für eine Frau ist das nicht schlecht», fallen für mich total aus. Nur beim Frauenfußball, da ist mein Respekt nicht allzu groß. Die Mädchen können einfach nicht so fest schießen, und ich finde, das gehört zum Fußball dazu.

Caroline: Sie sind aber Weltmeister.

Markus: Und weil die das sind, hätten unsere Männer es auch schaffen können. Fast hätte es ja geklappt.

Caroline: Mit den Frauen und dem Fußball ist das so eine Sache. Ich gehöre original zu den superaltmodischen Weibern, die sich noch immer aufregen, wenn Monica Lierhaus am Sonnabend die *Sportschau* moderiert. Dann denke ich …

Markus: … was hat die dort verloren?

Caroline: … was macht jetzt die Frau da? Was soll denn das? Das Ding war gegessen, als eine Moderatorin in der *Sportschau* – ich kann mich nicht mehr erinnern, wer es war – FC Schalke 05 sagte. Wie lange hatte es gedauert, «05» zu formulieren? Eine halbe Sekunde? Und diese halbe Sekunde hat dann auch für mich über das Schicksal von Frauen in der Fußballberichterstattung entschieden.

Markus: Aber Sportreporterinnen haben es geschafft, dass so harte Typen wie Uli Hoeneß oder Mr. Schalke 04 …

Caroline: Meinst du den, der mit seiner Freundin Bierwerbung macht? Rudi Assauer?

Markus: Genau. Solche Machotypen sind plötzlich weich wie Wachs in den Händen von Monica Lierhaus. Die erzählen ihr Sachen, die wirklich interessant sind, und sie kriegt es hin, dass selbst diese harten Jungs keine Platituden von sich geben. Wenn männliche Sportreporter Fußballer interviewen, dann kommt, von ganz wenigen Ausnahmen abgesehen, nichts bei rum.

Caroline: Und woran liegt das?

Markus: Sie ist attraktiv, das spielt gewiss eine Rolle. Dann ist sie groß und strahlt eine enorme Souveränität und Kompetenz aus. Die Lierhaus kennt sich wirklich aus, und sie hat sich auch noch keine einzige Blöße gegeben. Natürlich ist der Fußball eine sehr männerbeherrschte Domäne, und da einen Fuß in die Tür zu kriegen, ist extrem schwer. Monica Lierhaus hat sich das aber genauso wie Katrin Müller-Hohenstein vom *aktuellen sportstudio* richtig erarbeitet. Unbestritten ist, dass sich beide gegen viele Vorurteile und keifende männliche Kollegen durchsetzen mussten – und trotzdem stehen sie toll da.

Caroline: Na, bei der WM hat die Lierhaus ja sehr viel zu tun gehabt …

Markus: … da hat sie sich von Poldi «Moni, Moni» zurufen lassen.

Caroline: Egal, was sie alles Tolles getan hat, aber kann es bitte mal nicht eine Sache geben, die die Männer behalten dürfen? Ich weiß überhaupt nicht, warum überall Frauen mitmischen müssen. Ist mir völlig unverständlich. In vielen Fällen muss die Frauenquote erfüllt werden, damit keiner meckern kann. Ich finde die Lierhaus auch super und sehr sympathisch, und die Interviews, die sie führt, sind gut. Das aber liegt nicht daran, dass sie so viel über Fußball weiß, sondern daran, dass sie eine ausgezeichnete Journalistin ist. Deshalb kriegt sie aus den Leuten nicht nur Langweiliges raus.

Markus: Und genau aus diesem Grund ist es auch vollkommen gerechtfertigt, dass sie jetzt das macht, was sie macht. Außerdem finde ich, dass es noch genügend Bereiche gibt, die den Männern vorbehalten sind.

Caroline: Und was sind deiner Meinung nach diese Bereiche?

Markus: Müllfahrer?

Caroline: Ja, natürlich.

Markus: Das ist doch eine Männerdomäne, oder? So wie das Kohlekraftwerk.

Caroline: Klar, Müllfahrer hatte ich ganz vergessen, auch das Kohlekraftwerk. Vollkommen in Ordnung. Wie wär's mit der Formel 1?

Markus: Frauen sind auch im Autorennsport sehr erfolgreich. Und erst im Boxen, da gibt's welche, die können richtig zuzimmern.

Caroline: Die Boxfrauen sind verglichen mit den Fußballfrauen richtig krass.

Markus: Ob man das sexy findet, ist eine andere Frage.

Caroline: Kannst du dir eine Fußballtrainerin bei den Männern vorstellen?

Markus: Ich glaube, da hört der Spaß auf. Das geht auch nicht aus logistischen Gründen.

Caroline: Ach komm, jetzt sag nicht: «Weil sie nachher in die Kabine muss.»

Markus: Doch. Man muss nur daran denken, als bei der WM Angie nach dem Italien-Spiel in die Kabine kam. Sie wollte die Jungs trösten, und da saßen noch ein paar im Handtuch auf der Bank, vollkommen eingeschüchtert, ist ja klar. Aber stell dir das nur mal vor, da rauscht die Bundeskanzlerin rein, du bist durchgeschwitzt und mehr oder weniger splitternackt – das geht natürlich nicht. Vielleicht ist es tatsächlich so, dass sich in den nächsten Jahren die

Berufsbilder neu gestalten. Sollten die Frauen immer mehr die klassischen Männerdomänen besetzen, dann werden die Jungs eben andere Sachen machen. Also, ich fühle mich nicht bedroht.

Caroline: Windelwürste.

Markus: Was?

Caroline: Na, dann erfinden Männer Maschinen, mit denen sie beispielsweise neue Windeln konstruieren. Oder willst du, dass sie sich nur noch im Damenfriseursalon tummeln? Und auch die Zeiten, in denen Männer zu stricken anfingen, sind wohl vorbei.

Markus: Das war eine der Forderungen der Frauenbewegung. Ich kann mich noch erinnern: Weil das kleine Dorf, in dem ich aufgewachsen bin, einen Lehrermangel hatte, wurde der Werk- und Handarbeitsunterricht in der Grundschule zusammengelegt. Mit anderen Worten: Als ich bei der Handarbeitslehrerin einen Topflappen häkeln sollte, da habe ich ihr so dermaßen einen hingewichst, dass ich noch heute hoffe, dass sie den Jungs danach nie wieder so etwas beibringen wollte.

Caroline: Wie, ich verstehe das nicht ganz. Hast du den Topflappen nun gut hingekriegt oder eher nicht?

Markus: Ich hab's ganz schlecht gemacht. Topflappen mit einem reingestickten Blümchen, darauf hatte ich überhaupt keine Lust. Ich wollte hämmern, bohren, eben solche Geschichten.

Caroline: Bei uns in der Schule haben die Jungen stundenlang Gewürzborde gebaut, auch so blöde Kleiderhaken angefertigt – wie nannte man das? Laubsägearbeiten? Ich dachte nur, das bringt die kaum weiter, da können sie auch gleich bei uns mithäkeln.

Markus: Tendenziell bin ich davon überzeugt, dass sich in nicht allzu ferner Zeit sämtliche vermeintliche Männer- und Frauendomänen überschneiden werden. In der Nähe meiner Wohnung wird gerade gebaut, und mittlerweile ist es ein ganz normaler Anblick, dass auf dieser Baustelle eine Handvoll Frauen rumturnt.

Caroline: Aber haben die was zu sagen? Das sind keine Frauen, die Zementsäcke durch die Gegend tragen?

Markus: Doch, das sind gelernte Maurer. Sagt man eigentlich Maurerinnen?

Caroline: Es gab beispielsweise in der DDR ziemlich viele Schlosserinnen. Schon in den 60er Jahren fing es damit an. Im Osten war es selbstverständlich, dass Frauen in solchen Berufen tätig waren, die ursprünglich nur von Männern ausgeübt wurden.

Markus: Umgekehrt ist es in Gesamtdeutschland zu beobachten. Heute drängen immer mehr Männer in Frauenberufe. Früher gab es nur Stewardessen, heute gibt es den Flugbegleiter. Für mich stellt sich da die Frage, ob sich im Laufe der nächsten Jahrhunderte die Erbmasse insoweit verändert, dass die Frauen körperlich ähnlich stark werden wie die Männer – oder umgekehrt, dass die Männer sich in ihrer physischen Kraft den Frauen annähern. Mit anderen Worten: Wird die bislang noch existente physische Überlegenheit der Männer irgendwann verschwinden? Werden die Männer emotionaler werden?

Caroline: Darf ich dich mal daran erinnern, dass in 30 Jahren sowieso das Licht ausgeht?

Markus: Ach so.

Caroline: Dann haben wir andere Schwierigkeiten.

Markus: Lassen wir das mal außen vor. Also, wenn sich sonst nichts ändert, bleibt meine Frage, ob sich Frauen und Männer in naher oder auch ferner Zukunft verstärkt annähern.

Caroline: Wäre das wirklich wünschenswert?

Markus: Wieso nicht?

Caroline: Aus einem einfachen Grund: Es lebe der Unterschied! Das macht den Mann doch erst für mich interessant. Er ist ein total komplexes Wesen, und es gibt viele Dinge, die ich noch nicht von ihm weiß. Nur die Differenzen reizen mich; und natürlich will ich wissen, bei welchen Punkten ich schlauer bin und bei welchen der Typ.

Markus: Du meinst, dass die Unterschiede das Ganze am Laufen halten?

Caroline: Na klar! Du brauchst dir nur mal das Sexding anzuschauen. Ein Kerl überlegt sich doch nur deshalb, Rockstar zu werden, weil er weiß, dass ihn dann die Weiber heiß finden. Das ist ein totaler Klassiker. Ihn treibt der Gedanke an, dass er auf der Bühne stehen muss, weil ihn sonst keine Frau gut findet und er möglicherweise auch keine abkriegen würde, wenn er ein ganz normaler Typ von nebenan wäre. Und Frauen sagen sich wiederum: Ich muss möglichst schön aussehen, dann stehen die Männer Schlange, und viele Männer bedeuten ein gutes Leben. Deren Rechnung ist ganz einfach: viele Männer gleich viele Ernährer, und das ist wiederum mit dem Gedanken an eine gesicherte Existenz verknüpft.

Markus: Ich bin schon gern ein Mann. Aber manchmal, an bestimmten Tagen, da hätte ich auch nichts dagegen, eine Frau zu sein. Schon allein um das weibliche Geschlecht besser zu verstehen und um ein paar Dinge genießen zu können, die ganz fraulich sind.

Caroline: Was? Du möchtest gern eine Frau sein, um dir den ganzen Tag an den Arsch zu fassen?

Markus: Einmal in meinem Leben möchte ich doch noch einen schönen Topflappen machen.

Caroline: Wenn ich für einen Tag Mann wäre, würde ich die ganze Zeit am Puller spielen. Wahrscheinlich schon deshalb, weil ich dauernd Männer sehe, die sich ungeniert auf der Straße an den Sack greifen. Da fragt mich so ein x-beliebiger Typ, wie spät es denn sei, und gleichzeitig zuckelt er an der Hose.

Markus: Das macht man schon, ja.

Caroline: Da wäre es gar nicht schlecht, wenn sich Männer mal am Kopf kratzen würden, das könnte doch eine schöne Entspannung für ihre Eier sein. Aber am Puller zu ziehen, ist immer noch besser, als am FKK-Strand herumzulaufen und so zu tun, als gäbe es diese Unterschiede zwischen Männern und Frauen nicht.

Markus: Du musst dir nur mal überlegen, wie heutzutage Pornos funktionieren. Ein Sexfilm ist nichts, wenn es keinen vernünftigen Cumshot gibt. Der Zuschauer muss sehen, wie der Mann ejakuliert, beziehungsweise der Mann muss das genau beobachten können. Es ist ganz wichtig, dass …

Caroline: … die männliche Überlegenheit demonstriert wird.

Markus: Nee. Der Schwanz muss kurz vor dem Kommen rausgezogen werden, damit man voller Stolz auf sein erigiertes Glied gucken kann. Männer wollen sichergehen, dass da was flutscht – für sie ein eindeutiges Zeichen, dass ohne sie die Menschheit nicht weiterbestehen wird.

Caroline: Ach? Das ist die Message?

Markus: Selbstverständlich.

Caroline: Bei diesen Cumshots habe ich mich schon immer gewundert. Bislang waren sie bei Pornos das Einzige, was ich von der Bildsprache her nicht verstanden habe. In letzter Zeit habe ich einige von *Testosteron-Film* gesehen, wo Männer und Frauen ganz locker auftreten, ein bisschen herumtändeln, ein bisschen quatschen, dann machen sich die beiden Geschlechter erst mal zehn Minuten lang gegenseitig Komplimente, bevor sie loslegen. Das finde ich total super.

Markus: Sind das so Neo-Romantic-Pornos?

Caroline: Würde ich nicht sagen, die sind durchaus auch hart, da geht es keineswegs zimperlich zu. Aber bevor es zur Sache geht, gibt es noch viel Nettes zwischen Männern und Frauen. Nur wenn die Typen dann kommen, dann habe ich immer das Gefühl, dass der dramatische Bogen verletzt wird.

Markus: Das Abspritzen ist ein absolutes Muss. Ein Porno ohne eine solche Einstellung wäre ein Ladenhüter.

Caroline: Ich bin kein Mann, was man daran wohl sieht.

Markus: Erstaunlich ist dennoch, dass diese Szenen trotz Emanzipation und allem noch immer eine solche Wertigkeit haben. Bei mir rangiert das unter bemitleidenswert bis bezaubernd. Wenn das Mädchen hinterher noch alles ableckt, wie ein kleines Kätzchen, dann ist der Schwanz und damit auch der Mann wieder sauber – und alles ist super.

Caroline: Das Ablecken finde ich gar nicht so schlimm. Wenn man sich dafür entscheidet, einen Porno anzugucken, dann weiß man im Voraus, dass die Frau ein wenig härter drangenommen wird. Das kann man so oder so sehen. Darüber brauchen wir uns jetzt nicht zu unterhalten oder aufzuregen. Nur dass wir anschauen müssen, wie der Mann seine Suppe rauslässt, das empfinde ich, ehrlich gesagt, als erniedrigend. Und diese ganze Überlegenheit, die man in diesen Filmen aufbaut, wird in meinen Augen in dem Moment zunichtegemacht, wo so ein spärlicher Tropfen aus ihm rauströpfelt.

Markus: Ich finde das auch affig. Ganz abgesehen davon, dass es nichts Schöneres gibt als die geschlechtliche Vereinigung. Ein Mann ist in einem Mädchen drin – und damit auch sein Samen.

Caroline: Genau das ist doch der Spaß! Für den Typen muss das Rausziehen letztlich auch ziemlich blöd sein.

Markus: Eine innige Vereinigung kann man aber schlecht filmen, man sieht den Höhepunkt nicht richtig, und außerdem drückt eine solche Szene in keiner Weise dieses Frauenunterdrückungsding aus. Und in Pornos ist dieser Aspekt noch ganz wichtig. Ich gehe davon aus, dass mit Sicherheit 95 Prozent der produzierten Pornofilme auf die männliche Zielgruppe zugeschnitten sind.

Caroline: Und was an Pornos für Frauen gedreht wird, das kannst du in die Tonne kloppen. Die Sexkinos sind in ihrer Preisgestaltung auch so, dass Frauen zum «Herrengedeck» umsonst reindürfen.

Markus: Ist das nicht erniedrigend?

Caroline: Wieso? Dann kann ich die zwei Euros in mein Sparschwein stecken. Ist doch wunderbar!

Markus: Dann kannst du auch einen Fuffi verlangen, wenn du einem Typen einen blasen sollst.

Caroline: Aber doch nicht innerhalb der Beziehung. Oder kann man da auch einen Fuffi verlangen?

Markus: Siehe unter www.hausfrauen.de. Da werden echte Hausfrauen durchgeknallt; die machen das alles ein wenig anders.

Caroline: Im Grunde habe ich jedoch selten das Gefühl gehabt, dass Frauen in Pornos erniedrigt werden. Ich brauche mir nur die Männer in diesen Filmen anzuschauen! Machen wir uns nichts vor, aber auf geistiger Ebene haben diese Typen einige Unzulänglichkeiten. Immer müssen die alles herzeigen, was sie können – das müssen Frauen auch, aber sie protzen nicht die ganze Zeit damit. Der Mann im Porno ist zudem auf eine ziemlich simple Sprache reduziert. Du weißt schon, was ich meine.

Markus: Auffällig ist für mich, dass in Pornos sehr viel Wert darauf gelegt wird, dass die Typen eher bräsig rüberkommen, während die Mädchen vielfach als hübsche Studentinnen präsentiert werden, die den Männern intellektuell überlegen sind. Und deswegen muss der Mann …

Caroline: … seine körperliche Dominanz demonstrieren.

Markus: … den Kopf des Mädchens noch fester auf seinen Schwanz draufdrücken, ihr an den Haaren ziehen, auf den Po schlagen und einen ähnlichen Scheiß veranstalten. Keiner soll merken, wie blöd er eigentlich ist.

Caroline: Ich bin empört.

Markus: Ja.

Caroline: Echt? Und die Studentinnen erkennst du daran, dass sie eine Brille tragen?

Markus: Es ist ein Klischee, mit dem hier gespielt wird, die geilen Studentinnen einerseits und andererseits die depperten Typen.

Caroline: Ich kenne auch Pornos, wo mit doofen Frauen gespielt wird.

Markus: Gut, ich bin nicht gerade der Empiriker auf diesem Gebiet. Wenn es hoch kommt, habe ich in meinem Leben höchstens fünf Pornos gesehen.

Caroline: Ach so.

Markus: Diese fünf Pornos habe ich analysiert. Und anschließend kam ich zu dem Ergebnis, dass sie nichts darstellen, was mich weiterbringen könnte. Kurz gesagt: Sie inspirieren mich nicht. Sie bestärken mich nicht in meinem Mannsein, und ich finde sie in weiten Teilen viel zu lächerlich und irreal, als dass ich mich damit identifizieren könnte.

Caroline: Du bist echt niedlich.

Markus: Was soll ich machen?

Caroline: Im Prinzip müsste es umgekehrt sein. Ich als Frau sollte Pornos blöd finden. So ist es aber nicht. Ich habe bestimmt 150 solcher Filme gesehen, nicht mitgerechnet sind jene, die ich doppelt gesehen habe. Im Gegensatz zu dir bringen mich Pornos weiter, sie bestärken mich in meinem Frausein. Für mich ist es ein Riesenspaß, diese Dinger anzuschauen.

Markus: Aber was bringt dich da in deiner Entwicklung voran?

Caroline: Das wollte ich vorhin zum Ausdruck bringen. Es geht in diesen Filmen sowieso nicht um viel. Aber die Männer sagen derart doofe Sachen, dass du dich als Frau, die da nicht mitspielt, sondern nur vor dem Video sitzt, automatisch überlegen fühlst. Das ist unglaublich.

Markus: Das kann ich wiederum nachvollziehen, weil ich mich bei den wenigen Malen, bei denen ich Pornos angeschaut habe, für meine Geschlechtsgenossen geschämt habe. Durch das Abspritzen scheinen sie ganz gut wegzukommen, in dieser Hinsicht dürfen sie sich als Gewinner fühlen, aber eigentlich ist das nur ein Scheingewinn. Im Grunde sind alle Männer in diesen Filmen komplette Vollversager. Denen fällt nichts Intelligentes ein, Hauptsache, es kracht. Bei denen steht das Wort «blöd» schon auf der Stirn.

Caroline: In den letzten zwei Jahren habe ich für MTV von der Pornomesse Venus berichtet. Und als ich jetzt die Plakate für die nächste entdeckt habe, war vollkommen klar, dass ich da wieder hinmuss.

Markus: Sind auf dieser Messe viele Männer?

Caroline: Vorwiegend. Es sind auch Frauen zu sehen, aber die müssen meist arbeiten. Seit diesen Messeberichten hänge ich mittlerweile auch in Sexshops herum. Ich bin immer total fasziniert von diesen ganzen Spielzeugen. Doch was ich eigentlich sagen wollte: Kennst du eigentlich Rocco Siffredi?

Markus: Den berühmten Rocco? Dessen Gerät bis zu den Knien geht?

Caroline: Rocco hat in der Tat einen ziemlich Langen, das stimmt. Er ist einer der erfolgreichsten Pornostars, zudem produziert er seine Filme selber. Ich komme auf ihn, weil du sagtest, die männlichen Darsteller in Pornos wären alle blöd. Ich traf Rocco auf der Venus-Messe und sah ihm eine Weile zu, wie er Interviews und Autogramme gab. Ich fand ihn unglaublich umgänglich, verdammt intelligent und ungeheuer sensibel. Und wie er so charming und weltgewandt auf dem Sofa dieses Messestandes saß, da begann ich, das gesamte Pornoding völlig anders zu sehen.

Markus: Das sind Ausnahmen, die gibt es immer.

Caroline: Für mich ist der Typ ein Fuchs, ein ziemlich schlauer Fuchs, der sein Geld damit verdient, heiße Bräute zu nudeln. Wer will das nicht? Und wenn er mal einen Moment lang doof wirkt – scheiß drauf, er macht einfach viel Geld mit seinen Sachen. Übrigens habe ich Rocco noch die Hand gegeben, was schon sehr witzig ist, wenn man so ein paar seiner Filme gesehen hat und ganz genau weiß, wo diese Hand schon war. Sie war mit Sicherheit sauber, aber ich habe meine trotzdem hinterher ziemlich schnell abgewaschen. Das war mir dann eins zu viel. Ich würde ja auch nie in einem Porno mitspielen, und deshalb wollte ich den Körperkontakt mit Rocco sofort wieder loswerden. Aber der Typ an sich ist völlig faszinierend.

Markus: Ich denke, die großen Hechte in dieser Branche sind schon ganz smarte Typen, aber auch die weiblichen Stars verstehen es vorzüglich, sich zu inszenieren, etwa ...

Caroline: ... Teresa Orlowski.

Markus: Und auch die Porno-Queen Gina Wild wird nicht umsonst so viele erfolgreiche Filme gemacht haben.

Caroline: Ich habe leider – aber was heißt hier leider! – noch nie einen harten Nischenporno gesehen, also einen mit ganz schlimmen Sachen, in dem zum Beispiel Frauen angepinkelt werden. Von daher weiß ich nicht, wie Frauen in solchen Filmen runtergeputzt werden.

Markus: Derartige Werke kenne ich auch nicht. Aber Tatsache ist, dass Pornos mittlerweile eine unglaubliche gesellschaftliche Akzeptanz haben. In Berlin sind gerade die Pornotage, oder wie auch immer das heißt, und im *tip Berlin* habe ich einen Bericht über sogenannte Alternativpornos gelesen, in denen dann Whimpsterjungs, Skater und Punkrockmädchen mitspielen. Natürlich sehen diese Darsteller ganz anders aus als die gängigen Pornostars, die mehr einem Klischee folgen, und in diesen Filmen soll es auch eine Handlung geben. Bevor gepoppt wird, geht man noch skaten oder designt an einem Outfit herum. Da scheint es Interaktionen wie bei *Marienhof* zu geben.

Caroline: Diese Filme muss ich mir unbedingt mal besorgen.

Markus: Es ist jetzt auch ein neues Magazin auf dem Markt, in dem nackte Männer abgebildet sind. Außer *Playgirl* existierte für Frauen bislang nichts in diesem Bereich. Nur Schwule hatten diesbezüglich mehr Auswahl.

Caroline: Nackte Männer erregen Frauen einfach nicht.

Markus: Den Namen dieses Heftchens habe ich vergessen, aber in diesem ist dann ein Indieboy von der Straße mit einer Riesenlatte zu sehen, also keiner von diesen durchgestylten Sonnenstudiotypen. Jetzt gibt es auch mal dünne, bleiche Männer mit Augenringen und schönen Fusselhaaren anzugucken.

Caroline: Muss das sein? Mir gefällt eher die Distanz zu den Typen. Ich will keinen anschauen, der mein Freund sein könnte.

Markus: Generell ist es schade, dass das Privatfernsehen, das seit nunmehr 20 Jahren auf Sender ist, dazu beigetragen hat, Sex ein wenig zu entmystifizieren. Im Prinzip wurde er dadurch für den Hausgebrauch zurechtgestutzt.

Kein Wunsch blieb da mehr offen, sexuelle Neigungen aller Art wurden einem präsentiert, wenn auch nie in pornografischer Weise. Das Gesetz verbietet es, aber heute werden unzüchtige und unsittliche Dinge mehr als reichlich angedeutet. Die Neugierde, selber etwas herauszufinden, ist damit geschwunden.

Caroline: Ebenso ist die Abstumpfung durch den täglichen Sexkonsum im Fernsehen enorm. Mein Gott, so ein blankes Paar Brüste holt keinen Hund mehr hinterm Ofen hervor.

Markus: Wobei es andererseits heißt, dass in unserer Gesellschaft immer weniger Sex praktiziert wird. Rein quantitativ soll die Beischlaffrequenz deutlich zurückgegangen sein.

Caroline: Aber bei der Pornoindustrie ist es genau umgekehrt, sie gehört zu den Wachstumsbranchen.

Markus: Als Mann guckt man sich offenbar immer häufiger einen Sexfilm an und holt sich dabei einen runter, anstatt mit seiner Freundin zu schlafen.

Caroline: Aber ich sehe mir die Pornos nicht alleine an.

Markus: Wenn man das auf so einem Level macht, dann kann das im Idealfall auch noch etwas für die Beziehung bringen, eine gewisse Inspiration. Ich sehe jedoch eher die Gefahr, dass der Rückzug ins Virtuelle immer größer wird.

Caroline: Ich überlege gerade: Wenn die Leute weniger sensibel sind als du oder ich und die Pornos verdammt ernst nehmen, dann kann es tatsächlich dazu führen, dass die Zahl der Vergewaltigungen von Frauen steigt. Wenn Männer sich das Zeug wieder und wieder angucken und auch mal eine Frau haben wollen, aber keine kriegen können, kann das nach hinten losgehen.

Markus: Pornos senden definitiv die falschen Signale aus. Und gefährlich ist auch deren leichte Zugänglichkeit, nicht nur übers Fernsehen. Jeder Vierzehnjährige, der eine DSL-Leitung in seinem Kinderzimmer hat, kann nachts, wenn Mama und Papa schlafen, im Netz surfen und sich das alles anschauen.

Caroline: Das möchte ich mir als Mutter nicht vorstellen. Meine Fresse! Mein Vierjähriger soll sich keine nackten Brüste anschauen, es sei denn, es sind meine. Er soll nicht schon vor der Zeit verwirrt werden. Dennoch bin ich davon überzeugt, dass in der Diskussion über den Umgang von Männern und Frauen miteinander Pornos eine Rolle spielen. Ich weiß nicht, ob das damit zusammenhängt, aber überall auf der Straße und in den Clubs sehe ich junge Weiber, die alle fast nackig herumlaufen. Ich erwarte eine Generation von Frauen mit Nierenleiden.

Markus: Diese Zurschaustellung von Haut finde ich auch nicht gut. Aber man braucht sich bei den Musiksendern nur die ganzen R 'n' B- und Hip-Hop-Videos anschauen, die funktionieren nicht viel anders als Pornos. Da geht es nur darum, dass Frauen ein dekoratives Element sind. Sie sollen bitte schön ihre Fresse halten und einzig ihre Plastikhupen ins Bild strecken.

Caroline: Das ist der totale Gegentrend zu unserer Frage, ob die Frauen die Männer von morgen sind. Angesichts dieser Entwicklung könnte man denken, die Verweiblichung ist im Anmarsch – und damit könnte auch der Wunsch, wieder ein Muttchendasein zu führen, aktuell werden.

Markus: Wobei die Frage ist, ob diese Präsentation weiblicher Reize automatisch mit einem «Hallo, ich möchte Muttchen sein» zu assoziieren ist oder mit einem neuen Selbstbewusstsein nach dem Motto: «Hey, Typ, du darfst dir das angucken, aber nicht anfassen.» Ich kann es nicht beantworten.

Caroline: Die jungen Mädchen, die hier bei uns im Jugendclub gegenüber abhängen, die ziehen sich ebenfalls nur halb an und lassen sich gern von den Jungen anfassen. Das beobachte ich jedenfalls von unserem Fenster aus. Immer sind fünf, sechs Jungs um zwei Mädchen herum.

Markus: Aber ist es dann so, dass die Mädchen in diesen Gangs eine Machtposition innehaben? Kann man sagen, dass sie sich den Jungen nach bestimmten Kriterien auswählen? Mit anderen Worten: Machen sie alle Typen in der Gruppe völlig kirre im Kopf, bremsen diese dann aber im letzten Moment aus, um sich dann ganz bewusst den Alphakollegen herauszuangeln?

Caroline: Das kann ich auf die Entfernung nicht einschätzen. Vermutlich zielen sie auf den Alphatypen ab, das wird, wie ich ja schon sagte, nie aufhören. Diese Programmierung ist in uns Menschen drin. Trotzdem: Wenn man sich als Mädchen oder Frau so herzeigt, dann hat man auch ein gewisses Interesse daran, von den Leuten mit Blicken ausgezogen zu werden. Und ich habe den Eindruck, dass die jungen Bräute schon darauf aus sind, dass man sie ein bisschen angrabbelt. Inwiefern sie jetzt mit jedem in die Kiste springen, kann ich nicht beurteilen.

Markus: Vielleicht halten die Frauen aber auch nicht die Zügel in der Hand. Vielleicht erniedrigen sie sich, um überhaupt an einen Typen zu kommen.

Caroline: Das glaub ich nicht. Die sorgen für eine maximale Auswahl, um dann den besten Kerl zu kriegen.

Markus: Letztlich ist es davon abhängig, wie das Mädchen aussieht.

Caroline: Das Wort «erniedrigen» finde ich übrigens ziemlich blöde. Besser ist es, wenn man sagt, sie verkauft sich unter Wert. Permanent steht sie unter Zwang, an ihrem Äußeren zu arbeiten, statt Vertrauen zu sich selber zu haben. Heute habe ich einen Beitrag im Fernsehen gesehen, in dem gezeigt wurde, dass sich Frauen sogar die Füße brechen lassen, um in bestimmte Schuhe reinzupassen. Nicht, dass man die High Heels und Stöckelschühchen einfach links liegenlässt, wenn man nicht gut in ihnen gehen kann, nein, da lässt man sich lieber die Füße zurechtbiegen. Es ist wahnsinnig anstrengend, jeden Tag einen schönen sexy Körper zu haben und ein perfektes Gesicht vorzeigen zu können. Klar, auch der Mann muss sich Mühe geben, wenn er attraktive Frauen an seiner Seite haben will, Alphamännchen haben es da sicher nicht leicht. Dennoch ist ihr Sexappeal nicht nur vom Äußeren, sondern auch vom Geldbeutel abhängig, gerade im fortgeschrittenen Alter. Vielleicht ist die Anstrengung, die jeder an seiner Front leisten muss, um ein toller Hecht oder eine superheiße Alte zu sein, letztendlich gleich groß. Aber dass dieser enorme Aufwand, dieses Aufbrezeln überhaupt sein müssen …

Markus: Zum Glück gibt es Frauen und Männer, die es mit ihrem Kopf versuchen. Ich sage immer: Intelligenz macht sexy, aber Sex macht nie intelligent.

Caroline: Oho, kommt das von dir?

Markus: Yes. Ich bin ja bis heute standhaft meinem Vorsatz gefolgt, nie mit einer Alten ins Bett zu gehen, die nix in der Birne hat.

Caroline: Bislang war immer von dem Seitensprung deiner früheren Freundin die Rede – aber bist du eigentlich mal fremdgegangen? Und hat sich deine Meinung zu diesem Thema nach den von dir gemachten Erfahrungen geändert?

Markus: Das ist ein weites Feld. Im Prinzip verhandle ich seit meiner ersten Beziehung mit mir, wie ich mit einer Affäre umgehen soll. Ich bin noch zu keiner zufriedenstellenden Übereinkunft mit mir selbst gekommen. Tatsache ist, dass ich selber noch nie in einer Beziehung fremdgegangen bin. Tatsache ist auch, dass ich fast in jeder längeren Beziehung betrogen wurde. Und Tatsache ist ebenfalls, dass ich das immer scheiße fand, gleichzeitig aber dachte, ich würde das gern kaltschnäuzig abhandeln, ohne dass dadurch die Beziehung Schaden nimmt.

Caroline: Aber ob die Partnerschaft darunter leidet, das entscheidest du doch in dem Moment, in dem du erfährst, dass du betrogen worden bist.

Markus: Aber dann muss man sich gemeinsam darauf verständigt haben, dass Monogamie nichts mehr wert ist und dass es nichts bedeutet, wenn man mal mit jemand anderem in die Kiste geht. Man hört ja immer wieder davon, dass das funktionieren kann.

Caroline: Nein, man hört immer wieder davon, dass es Beziehungen zerrüttet und zerstört und …

Markus: Auch.

Caroline: … vergiftet.

Markus: Ich weiß bis zum heutigen Tag nicht, warum ich noch nie fremdgegangen bin. Die familiären moralischen

Werte spielen da mit Sicherheit eine Rolle, aber entscheidend ist auch eine gewisse Feigheit meinerseits. In den Situationen, in denen ich erfahren habe, dass sich meine Freundin dieses Recht herausgenommen hat, war ich nicht dazu in der Lage, es ihr gleichzutun, wobei für mich Rache nicht im Vordergrund gestanden hätte. Ich hätte es einfach mit einer ähnlichen Selbstverständlichkeit tun wollen, so wie sie es gemacht hat, um ihr genauso ins Gesicht sagen zu können: «Ich liebe die Frau nicht, der Seitensprung hat für unsere Beziehung keine Bedeutung.» Für mich hatte es aber immer etwas zu bedeuten, und ich habe mich nach den üblichen zwei, drei schmerzvollen Monaten des Hin- und Hergerissenseins, des Angewidertseins dann auch immer getrennt. Für mich war das Fremdgehen meiner Freundinnen eine nonverbale Ansage, so im Sinne: «Wir sind an einem Endpunkt angelangt, dieses und jenes ist passiert, und das Signal ist eindeutig, ich hoffe, du verstehst es.» Das Kuriose ist doch, dass Männer dieses Recht auf einen Seitensprung eher für sich in Anspruch nehmen als Frauen.

Caroline: Vielleicht hast du es noch nicht mitbekommen, aber es hat sich in diesem Bereich eine Wende vollzogen.

Markus: Kann schon sein. Ich frage mich nur: Liegt es daran, dass Frauen keine Lust mehr darauf haben, dass Fremdficken eine Männerdomäne ist, oder ist es ein weiteres Indiz dafür, dass es diese klassische Rollenverteilung in der Beziehung nicht mehr gibt? Ich jedenfalls kann von mir sagen, dass ich immer noch nicht so weit bin, dass ich darüber hinwegsehen kann, wenn meine Freundin was mit einem anderen Typen anfängt.

Caroline: Nach so einem Schlag ins Gesicht kannst du ihr nur weh tun, indem du gleichgültig reagierst oder wenigstens Gleichgültigkeit vortäuschst. Das ist das Einzige, was dir in einer solchen Situation bleibt, wenn du irgendetwas zurückzahlen willst.

Markus: Aber geht's denn ums Zurückzahlen?

Caroline: Na, das ist doch wohl klar.

Markus: Mich interessiert eher, warum man selber nicht fremdgeht. Warum macht man es nicht? Warum mache ich das nicht?

Caroline: Weil diejenige, mit der du zusammen bist, für dich die Nummer eins ist.

Markus: Es ist ja nicht zu leugnen, dass der Mensch offenbar nicht ganz monogam veranlagt ist, sonst würde man das Thema nicht auf den Tisch bringen müssen. Und trotzdem ist Monogamie in unserer Gesellschaft noch immer ein ziemlich festgeschriebenes Gesetz. Warum?

Caroline: Wenn der Mensch, so komplex und liebesbedürftig, wie er ist, zu einem bestimmten Zeitpunkt bereit war, sich jemandem zu öffnen und seine Schwächen herzuzeigen, dann ist Treue das, was er für seine Nähe als Gegenleistung verlangen kann. Das ist der Deal.

Markus: Treu zu sein, gilt aber in unserer Gesellschaft zugleich als Fehler. Es ist nichts Cooles – Monogamie hin oder her.

Caroline: Ein Fehler ist es, nicht treu zu sein. Eigentlich ist es ein Verrat. Wer das dringende Bedürfnis verspürt, eine Affäre anzuzetteln, der soll gefälligst nachts um vier Uhr seine Freundin anrufen und den Arsch in der Hose haben, ihr dies zu sagen: «Ich verspüre große Lust, jetzt mit dieser fremden wunderschönen Frau an meiner Seite zu schlafen. Indem ich dir das hiermit mitteile, erkläre ich unser Gentlemen's Agreement für nicht mehr gültig.» Aber das macht keiner, jeder hüpft ohne weiter nachzudenken mit anderen Perlen in die Kiste.

Markus: Ich bin einmal für den Versuch bestraft worden.

Caroline: Hat man dich erwischt?

Markus: Das nicht. Ich war zu diesem Zeitpunkt zwei oder drei Jahre mit meiner Freundin zusammen, als ich eine Frau in dem Club kennenlernte, in den ich immer mit meinem Mädchen ging. Die Frau war so der Oberhit am Platz, aber da ich ja eine treue Seele bin, interessierte sie mich nicht die Bohne. Ich habe sie zur Kenntnis genommen, habe auch gemerkt, dass so ziemlich alle Typen auf sie abfahren – und dann hat sie mich ausgesucht.

Caroline: Dagegen kann man bei Weibern manchmal nicht viel machen.

Markus: Die war schon toll, und ich fand sie echt prima. Und eines Abends sagte sie: «Besuche mich doch mal, komm nach der Uni auf einen Kaffee vorbei.» Ich fuhr also zu ihr hin, sie wohnte in einer WG, und ich hatte überhaupt nicht die Absicht, mit ihr nachmittags um drei zu pennen. Ich fand die Frau interessant, allein aus diesem Grund besuchte ich sie. Zuerst saßen wir in der WG-Küche herum, die anderen Mitbewohner waren auch da, bis wir schließlich in ihr Zimmer gingen. Die Tür war kaum geschlossen, da steckte sie mir ihre Zunge in den Hals und riss sich die Klamotten vom Leib. Da sie nichts unter ihrer Hose und ihrem T-Shirt anhatte, stand sie ziemlich schnell nackt vor mir – beziehungsweise saß auf mir. Ich habe dann gesagt …

Caroline: Wunschtraum vieler Männer.

Markus: Das hat mich dermaßen verwirrt, dass ich ihr sofort entgegenschleuderte: «Geh weg, ich möchte das nicht», obwohl ich die Frau eigentlich super fand und ich mir wahnsinnig gut vorstellen konnte, jetzt mit ihr zu schlafen. Nachdem ich dann deutlich gemacht hatte, dass wir das nicht machen würden, haben wir uns ganz normal unterhalten, bestimmt zwei Stunden. Erstaunlich war, dass sie nicht mal in ihrer Eitelkeit gekränkt war.

Caroline: Dann war sie eine coole Alte.

Markus: Ich habe ihr auch gesagt, dass ich sie echt gut finden würde, dass ich aber meine Freundin liebe. Und aus diesem Grund würde es einfach ausfallen, miteinander zu schlafen. Doch einer der Jungs aus der WG, der wiederum auf meine Freundin stand, steckte ihr, dass ich mit diesem Mädchen auf ihr Zimmer gegangen bin. Meine Freundin meinte daraufhin zu mir: «Ich kann überhaupt nicht verstehen, warum du das gemacht hast. Wir lieben uns doch so.» In diesem Moment brach für mich eine Welt zusammen, und ich dachte: «Mist, die hat total recht, und es gibt überhaupt keinen Grund, so etwas zu veranstalten.» Ich bin wirklich nicht zu der Frau gefahren, weil ich mit ihr in die Kiste wollte, aber ich hatte mich geschmeichelt gefühlt, meine Eitelkeit wurde von dieser Frau gepampert, und natürlich fand ich es auch ganz geil, als sie plötzlich splitternackt auf mir saß. Ein Riesenkompliment. Dennoch fühlte ich mich wie ein komplettes Arschloch.

Caroline: Zu Recht?

Markus: Ja.

Caroline: Das sehe ich nicht so. Nur weil man in einer Beziehung ist, heißt das nicht, dass man die Spannungen, die sich mit dem anderen Geschlecht ergeben, ignorieren muss. Das bedeutet auch nicht, dass man überhaupt keinen Spaß mit anderen Frauen oder – in meinem Fall – Männern haben darf. Es gibt nur total klare Grenzen. Ich stelle gerade fest, dass Männer von schwangeren Frauen nicht angemacht werden wollen. Die sind völlig empört, wenn ich sie ein bisschen anflirte, schäkere, mit den Augen blinzele und ihnen sage, dass ich sie ganz toll finde. Die Typen sind hinterher ziemlich verwirrt.

Markus: Selbst einen Flirt verkneife ich mir in Beziehungen. Mein Beruf bringt es aber mit sich, dass ich, wenn ich mich in der Öffentlichkeit bewege, in Clubs, in Bars, auch in Begleitung meiner Freundin, ziemlich offensiv von irgendwelchen Mädchen angegangen werde und die mit allen Mitteln versuchen, an mir rumzuschrauben. Denen ist es vollkommen egal, ob da an meiner Hand meine Freundin ist. Sie wird von diesen Frauen eher abfällig gemustert. Das ist an sich schon eine Riesenfrechheit, und deshalb wird von meiner Seite aus jeder Flirt, jede Avance im Keim erstickt – da kann das Mädchen noch so charmant und attraktiv sein.

Caroline: Es ist auch noch etwas anderes, wenn dein Mädchen an deiner Hand ist. Das ist eine Frage des Respekts.

Markus: Aber auch wenn mein Mädchen nicht dabei ist, wäre ein Flirt für mich ein Zeugnis der Untreue. Das fällt total aus. Man kann ja leicht sagen, dass das spießig ist. Aber wenn es einem dann selber an den Kragen geht, dann ist das überhaupt nicht mehr spießig, dann ist das nur noch verletzend, und man ist saumäßig traurig. Es gibt vielleicht Leute, die sich mit dieser Promiskuität arrangieren und fünf gerade sein lassen können, die auch eine wesentlich höhere Schmerzgrenze haben, aber wenn jemand ernsthaft an einer Beziehung interessiert ist, kann mir keiner erzählen, dass ihn das nicht trifft.

Caroline: Alles, was vor dem Küssen passiert, ist unglaublich dehnbar. Bei mir ist es so: Wenn ich irgendwo allein hingehe, dann bin ich an manchen Tagen ein echter Magnet. Und wenn ich spüre, dass gerade ein solcher Tag da ist, ich also strahle und sich meine Zauberkraft in alle Richtungen entfaltet, dann sammele ich das ein, was mir in diesem Moment zufliegt. Ich nehme alles mit und würde nie jemanden stoppen, der mir Komplimente macht. Im Gegenteil, ich merke sie mir, und anschließend gehe ich ungeküsst nach Hause. Auf dem Heimweg leuchte ich noch immer, habe das größte Ego, bin die tollste Zauberprinzessin, reite in mein Zuhause ein und lege mich neben meinen Mann. Von allen Seiten habe ich so viel Liebe bekommen, da finde ich absolut nichts Verwerfliches dran. In solchen Augenblicken flirte ich auch gern zurück, damit ich noch mehr Liebe einsacken kann.

Markus: Und wenn dich ein Typ fragt, ob du einen Freund hast – was sagst du dann?

Caroline: Meinen Freund würde ich nie verleugnen.

Markus: Das würde ich auch nie machen, meine Freundin verleugnen. Aber es passiert immer wieder, dass ich von hübschen Mädchen gern mal mit unreflektierter Zuneigung überschüttet werde. Die interessieren sich gar nicht für mich als Typ, auch nicht für mein Äußeres, sondern dafür, dass ich im Fernsehen auftrete.

Caroline: Schlampen.

Markus: Nein. Meiner Freundin werden, wenn wir zusammen in einem Club sind, ja auch Avancen gemacht. Ich werde dann eifersüchtig, weil sie extrem attraktiv ist, obwohl sie bei mir viel mehr Grund zur Eifersucht haben könnte.

Caroline: Denkst du, dass das Interesse, das sie erhält, mehr wert ist, weil sie nicht im Fernsehen ist?

Markus: Auf die Idee bin ich noch gar nicht gekommen. Aber stell dir mal vor, ich würde auch noch gut aussehen!

Caroline: Entschuldigung, aber du siehst nun wirklich kacke aus.

Markus: Das wäre für meine Freundin überhaupt kein checkbarer Zustand mehr.

Caroline: O mein Gott, ich kann mir kaum vorstellen, was wäre, wenn du auch noch klasse aussehen würdest.

Markus: Ich müsste wahrscheinlich mit der Fliegenklatsche um mich schlagen. Aber die Gründe, aus denen wir beide angesprochen werden, sind durchaus vergleichbar. Niemand kennt uns vorher persönlich, keiner kann unseren

Intellekt einschätzen. Meine Freundin ist vordergründig ein hübsches Mädchen, ich bin vordergründig ein Typ, der im Fernsehen ist, und deswegen werden wir beide angegraben. Außerdem ist sie ein bisschen eifersüchtig, und ich bin ein bisschen eifersüchtig. Und wenn wir die ganze Zeit über im Club Signale aussenden, dass wir zusammengehören, dann bringt das schon Pfeffer in die Beziehung. Es ist wichtig, dass das, was zu einem gehört, auch von anderen cool gefunden wird.

Caroline: Ihr seid beide eifersüchtig? Na gut, ihr seid noch nicht ewig lange zusammen.

Markus: Eifersüchtig wäre vielleicht übertrieben, aber ich gucke schon, wie sie andere Typen anschaut, und sie registriert, wie ich die Flirts der Ladys erwidere. Und natürlich schaue ich mir ganz genau die Jungs an, die sich meiner Freundin nähern. Machen die sich zum Honk, oder haben die was auf dem Kasten? Und wenn es mir zu viel wird, weil irgendein Typ anfängt, meine Freundin anzufassen oder zumindest den Versuch unternimmt, dann muss ich diesem Typen ein klares Zeichen geben, dass er sich jetzt mal vom Acker machen kann.

Caroline: Was setzt du in solchen Augenblicken ein? Diesen Karateblick?

Markus: Ich gehe dann zu ihm hin und sage: «Hallo.»

Caroline: Was? Das muss ich mir unbedingt merken.

Markus: Na, ich verwickle den kleinen Penner in ein Gespräch, und nach ein paar Minuten hat sich die Sache erledigt.

Caroline: Okay. Aber es kommt nicht zum Ritterkampf?

Markus: Nö. Ich bin bestimmt kein Typ, der offensiv Besitzansprüche anmeldet. Das finde ich affig. Meine Freundin ist sehr wohl selbst in der Lage, sich aus Situationen zu manövrieren, die ihr unangenehm sind. Aber ich finde es wichtig, dass sich Männer, die sich bei der Eroberung meiner Freundin auf einem guten Weg wähnen, im richtigen Moment ausgebremst werden. Das tut sie ab einem gewissen Punkt auch, aber wenn ich noch unterstützend eingreife und so eine kleine Ansage mache und den Anbaggerer wieder auf Normalmaß zurechtstutze, dann hat sich der Fall meist ziemlich schnell erledigt.

Caroline: Ich finde es interessant, dass du keine maskulinen Besitzansprüche stellst, sondern mit einem charmanten «Hallo» antrittst.

Markus: Du meinst, ich könnte mich auch aufplustern?

Caroline: Ich denke gerade an eine Szene, die ich mit meinem Freund erlebt habe. Wir gingen zusammen in einem Park spazieren, da kannten wir uns noch nicht lange, waren auch noch nicht so richtig zusammen. Als wir einen Tischkicker entdeckten, kam uns die Idee, ein Spiel zu machen. Nach einer Weile gesellten sich ein paar nette Jungs zu uns, und einer, ich kannte ihn nicht, drückte mir beiläufig ein Bier in die Hand. Ich bedankte mich, trank es aus und reichte dem Typen die leere Flasche zurück. Auf einmal war zwischen mir und meinem Freund Funkstille. Ich fragte nach, was mit ihm los sei. Er sagte: «Ich mag es nicht, wenn meine Lady von anderen Männern ein Bier bekommt.» Das war ja hochinteressant. Ich war also seine Lady, das wusste ich überhaupt noch nicht. Als ich ihn darauf ansprach, war ihm das total unangenehm. Wir kannten uns gerade zwei Wochen und waren ab und zu miteinander ausgegangen. Ich hatte mir über ihn nicht so viele Gedanken gemacht, weil ich zu diesem Zeitpunkt ebenjener Magnet war und mich so einige Jungs begeisterten. Im ersten Moment war ich regelrecht schockiert; ich überlegte, ob mich diese Ansage nun zur Monogamie zwingt. Ich war wirklich ein wenig überrascht und auch ein bisschen empört, weil es mit mir nicht abgesprochen war. Aber es hat sich ja ganz gut entwickelt.

Markus: Es ist wichtig, dass man einen Code hat, wenn man zusammen auftritt und sich auf diese Weise beiderseits die Schmeißfliegen vom Leib hält.

Caroline: Aber doch nicht dann, wenn du noch in der Flirtphase bist!

Markus: Man muss ja nicht gleich alles wörtlich nehmen und auf die Goldwaage legen. Aber Händchen halten – ich bin ein großer Freund davon – oder die Partnerin in den Arm nehmen, damit sich niemand dazwischendrängt, das ist doch ganz entzückend. Bei einigen Ausgehsituationen war meine Freundin Zaungast, weil ich als DJ arbeitete. Sie konnte dort beobachten, dass ich keine blöden Spielchen treibe. Gerade vor ein paar Wochen habe ich in einem kleineren Ort in Bayern Platten aufgelegt. Meine Freundin war mit dabei. Nach meinem Set kam eine Alte auf mich zu und schraubte nach allen Regeln der Kunst an mir herum.

Schließlich fragte sie mich, in welchem Hotel ich denn untergebracht wäre. Ihre Absichten hatte sie zuvor ziemlich deutlich gemacht. Ich antwortete darauf nicht mit «Spinnst du, das geht dich nichts an», sondern sagte nur: «Im Hilton.» Das nächste Hilton lag ungefähr 300 Kilometer von dieser Ortschaft entfernt. Meine Freundin hatte das mitbekommen, sie stand direkt hinter mir. Für sie war es eine beruhigende, aber auch belustigende Erkenntnis, dass ich mit Frauen, die mich anbaggern wollen, derart umgehe. Sie weiß, dass sie sich auf mich verlassen kann, denn ich bin am Wochenende öfters unterwegs, um aufzulegen. Und als DJ, der auch noch im Fernsehen ist, geht keiner der Abende ohne eindeutige Angebote über die Bühne. Trotzdem passiert es nie, dass sie mich morgens um fünf anruft. Vielmehr ist es so, dass ich mich bei ihr melde, bevor ich ins Bett gehe, selbst wenn ich sie wecke. Mir ist es wichtig, dass sie weiß, dass sie sich keine Sorgen zu machen braucht. Ich will nicht, dass sie innerlich die Wände hochgeht.

Caroline: In solche Gefühlslagen muss man wirklich niemanden bringen.

Markus: Das wäre auch komplett asozial.

Caroline: Komisch, aber ich mache mir darüber bei meinem Freund null Gedanken. Vielleicht sollte ich mal? Wenn der in Tokio ist, dann könnte ich es ihm nicht nachweisen, wenn er dort mit einem Mädchen ins Hotel gehen würde.

Markus: Zwischen euch herrscht eben ein Grundvertrauen.

Caroline: Eifersucht ist kein Thema zwischen uns. Darüber haben wir uns noch nie unterhalten oder gar gestritten. Ich finde es auch sehr entspannend, nicht solche Könnte-er-vielleicht-Gedanken zu haben. Es gibt genügend andere Dinge, über die ich mir den Kopf zerbrechen muss. Ich würde sonst nur noch mit Ringen unter den Augen herumlaufen und Falten kriegen. Das wäre nicht gut für mich, also lasse ich es lieber, mir vorzustellen, was mein Freund auf seinen Reisen alles anstellen könnte. Es gab nur eine Sache, die mich etwas irritiert hat. Mein Freund kam vor kurzem von einer langen Reise zurück und hatte mich gebeten, die Fotos, die er unterwegs gemacht hat, zum Entwickeln zu bringen. Als ich sie abholte, sah ich sie mir interessehalber mal an. Auf den Bildern waren überall Frauenbeine zu sehen, die mein Freund rund um die Welt aufgenommen hat. Immer nur ein kurzer Ausschnitt, Beine im Minirock, Beine in Stiefeln, Beine in Pumps, Beine in einem Taxi. Als ich diese Fotografien in der Hand hielt, überlegte ich, ob ich mich nun aufrege oder meinen Freund einfach Frauenbeine knipsen lasse, wenn ihm danach ist. Ich habe mich dann aufgeregt, aber mittlerweile bin ich so weit, dass er fotografieren kann, was er möchte. Denn ich bin mir sicher: die Frauenbeine, die er abgelichtet hat, hat er nicht angefasst.

Markus: Bei allen bisherigen Beziehungen vor meiner jetzigen Freundin habe ich mich mit meinem großen Vertrauen und meiner Einstellung zur Treue wie eine aussterbende Art gefühlt. Bis vor anderthalb Jahren habe ich nie das Gefühl gehabt, dass meine Vorstellungen von Verbundenheit je geteilt wurden. Ich dachte schon, dass ich völlig neben der Spur sei oder dass ich einfach nur die falschen Frauen kennengelernt habe. Manchmal hatte ich den Eindruck, ich sollte mich besser nicht der Liebe hingeben.

Caroline: Wenn Frauen unterschwellig zu verstehen geben, es könnte was mit einem anderen Typen passieren, dann kann das ein Druckmittel sein, das sie einsetzen, um den Mann ein bisschen nervös zu machen. Nervöse Männer sind immer Wachs in den Händen von Frauen. Das heißt aber noch lange nicht, dass sie es je wagen würden, fremdzugehen.

Markus: Aber muss die Frau nicht befürchten, dass der Mann schließlich weggeht, weil er sich das nicht mehr bieten lässt? Er könnte denken, dass sie es irgendwann doch durchziehen wird.

Caroline: Beantworten kann ich dir deine Frage nicht, dazu fehlt es mir an Erfahrung. Aber ich will nochmal auf die Tussen zurückkommen, die dich angraben. Glaubst du etwa, dass die Frauen, die dich anmachen, keinen Freund haben?

Markus: Ich setze da mal treudoof voraus, dass die alle solo sind und es ganz okay fänden, wenn ich ihr Freund werden würde. Oder?

Caroline: Das würde ich nie voraussetzen.

Markus: Umso schrecklicher. Dann betrügen sie auch noch jemanden.

Caroline: Manche machen das ja, um mehr Pep in ihre Beziehung zu bringen.

Markus: Ein schwaches Mittel. Wo bitte soll da der große Pep sein? Dass ich einen anderen Körper gesehen habe? Dafür muss ich nur den Fernseher anschalten.

Caroline: Mir fällt gerade spontan ein, dass vorwiegend Frauen die Scheidung einreichen.

Markus: Stimmt, Männer gehen immer erst dann, wenn sie eine Neue haben. Vorher haben sie nicht die Eier. Frauen sind da anders. Sie verlassen ihre Männer, wenn sie nur den leisesten Verdacht haben, dass sie betrogen werden – selbst wenn sie keinen anderen Typen haben. Von Frauen hört man sogar häufig den Ausspruch: «Ich komme alleine zurecht, eigentlich sogar viel besser als mit einem Mann.» Von Typen habe ich so eine Äußerung noch nie gehört.

Caroline: Auch ich bin in den letzten Jahren immer mehr zu der Überzeugung gekommen, dass es nicht das Allerwichtigste ist, einen Mann zu haben. Es kann nicht sein, dass man nur dann glücklich werden kann, wenn man einen Mann hat – oder dass es ein Makel ist, keinen zu haben. Aber wenn man einen hat, dann soll man sich eine klasse Zeit machen. Hast du eigentlich mal eine Phase gehabt, so ganz ohne Freundin und ganz ohne Affären? Ist doch interessant zu wissen, wie das Leben dann läuft.

Markus: Abstinent habe ich nie gelebt, es gab immer irgendeine Frau. Ich kann deshalb nicht sagen, wie ich mich in einer derartigen Situation fühlen würde.

Caroline: Ich hatte mal zwischendurch keinen Freund, ich hatte in dieser Zeit aber auch keinen Sex. Ich wusste nicht einmal, wie man sich den holt. Dabei hatte ich mir fest vorgenommen, in beziehungsfreien Phasen mit allen möglichen Männern zu schlafen. Aber es hat nicht funktioniert. Die Typen verstanden mich nicht, und ich war zu schüchtern. Zwar ging ich auf eine Party oder in einen Club mit dem konkreten Ziel: «So, jetzt wird gefickt, ist ja klar», aber dann wurde doch nicht gefickt. Ich saß einfach nur da, ich zog mich nicht nackt aus und setzte mich auch auf keinen Typen drauf.

Markus: Und selbst das funktioniert nicht immer, wie wir wissen.

Caroline: Wahrscheinlich wurde schon an mir rumgegraben, aber das ging von eher sensiblen Typen aus. Und weil die dann ebenfalls nichts gesagt haben, hat letztlich keiner den Mund aufgemacht. Einmal schaffte ich es, dass ich mit einem Kerl im Bett lag. Wir beide streichelten uns ganz lange, bis wir schließlich eingeschlafen sind. Wir haben uns nicht getraut, mehr miteinander zu veranstalten. Und diese Geschichte ist wirklich nicht so besonders lange her, sondern passierte kurz vor meiner jetzigen Beziehung. Es würde mich schon interessieren, wie es ist, wenn man keine Verpflichtung hat, treu zu sein. So ein One-Night-Stand könnte doch auch was ganz Spannendes sein. Ich finde, dass es für all diese Dinge eine Art internationale Sprache geben müsste; ich habe nämlich keine Ahnung, wie man jemandem mitteilen kann, dass man nur Sex will.

Markus: Auf diesem Gebiet war ich schon immer sehr klar strukturiert.

Caroline: In welches Hilton muss ich dann gehen?

Markus: Eigentlich ist es doch ganz einfach: Du hängst in einem Club rum, dann lernst du einen Typen kennen und kommst mit dem ins Gespräch. Ihr verbringt die meiste Zeit des Abends miteinander, und zur fortgeschrittenen Stunde taucht unweigerlich die Gretchenfrage auf: «Was machst du denn jetzt noch?» Und darauf kann man dann sagen: «Wir können zu mir gehen, ich habe noch das und das im Kühlschrank.»

Caroline: Bis dahin klappte ja noch alles bestens. Die Typen folgten mir auch in meine Wohnung.

Markus: Puh, dann bin ich auch überfragt.

Caroline: Mit meinem Freund war es auch nicht viel anders. Von dem Moment an, als er sagte, dass er es nicht mag, wenn seine Lady von anderen Männern Bier annimmt, dauerte es noch zwei Monate, bis wir miteinander schliefen, obwohl ich ständig bei ihm und er bei mir war. Hin und wieder übernachtete er auf meiner Couch, aber meistens ging er in der Nacht wieder. Ich saß dann am Fenster, schaute in die Dunkelheit hinaus und fragte mich, was ich denn jetzt wieder verkehrt gemacht hatte, weil ich den Typen doch total nett fand. Ich wäre gern früher mit ihm in die Kiste gegangen, und ich hatte den Eindruck, dass er es auch wollte, die Spannung zwischen uns war keine Einbildung. Aber nein, er ging in sein eigenes Bett.

Markus: Bei meiner jetzigen Freundin hat es auch zwei Monate gedauert, bis wir miteinander geschlafen haben. Wir beide hatten von Anfang an das Gefühl – ich noch mehr als sie –, dass das, was wir zusammen erleben, etwas ganz Besonderes ist. Als wir das dritte Mal zusammen in einem Bett übernachteten, dachten wir, es wäre langsam mal an der Zeit, es miteinander zu tun. Aber gleichzeitig wollten wir uns nicht den üblichen Standards unterwerfen, und dementsprechend haben wir unser erstes Mal regelrecht zelebriert. Und erst, als wir schon richtig Freund und Freundin waren – und davon kann man erst sprechen, wenn man zwei Monate fast jede Nacht zusammen verbracht hat –, haben wir miteinander geschlafen.

Caroline: Verrückt, oder? Nach zwei Monaten.

Markus: Das ist ziemlich crazy, gerade auch deshalb, weil ich es ein halbes Jahr zuvor damit überhaupt nicht so genau genommen habe.

Caroline: Mein Freund auch nicht.

Markus: Normalerweise war es vollkommen klar: Wenn man nach der Gretchenfrage mitgekommen war und sich noch pro forma an den Küchentisch setzte, dauerte es nicht mehr lange, bis man nach der ersten Berührung zu knutschen anfing und ins Zimmer rüberwanderte, wo das Bett stand.

Caroline: Als ich mit meinem Freund sechs Wochen zusammen war und immer noch nix gelaufen war, da hab ich mir schon Sorgen gemacht. Mir war auch klar, dass ich vielleicht erst mal gucken sollte, was in der Kiste läuft. Frei nach dem Motto: «Erst küssen, dann reden.»

Markus: So weit hatten wir es schon gebracht, und das hatte sich super angefühlt.

Caroline: Ich kann mir nur selber den Vorwurf machen, dass ich es nicht gerade vorangetrieben habe. Wenn wir uns näher kamen, war ich immer ein wenig peinlich berührt. Es gab manchmal einige scheue Küsse, zur Verabschiedung links und rechts auf die Wange. Vielleicht auch einen Kuss auf den Mund, aber nur ganz kurz und flüchtig. Und wenn wir uns wieder trafen und hatten uns 24 Stunden nicht gesehen, mussten wir dieses Level erst mal wieder erreichen. Um ehrlich zu sein, es war ein einziger Krampf. Und dass ich mit ihm nun ein Kind bekomme, das ist einfach ein Glückstreffer. Es hätte auch ganz anders laufen können.

Markus: Das erste Mal miteinander zu schlafen, kann schon entscheidend sein. Obwohl meine Freundin und ich in den zwei Monaten eine große Zuneigung füreinander entwickelt hatten, hätte es auch total in die Hose gehen können. Dann hätten wir beide bestimmt einen Rückzieher gemacht. Dass es dann auch so toll wurde, wie wir es uns beide vorgestellt hatten, das war ganz klar das Großartigste.

Caroline: Wenn man jemanden zwei Monate mehr oder weniger jeden Tag sieht, bauen sich bestimmte Wunschvorstellungen auf, und dann entlädt sich auf einmal total viel. Selbst wenn das erste Mal blöd verlaufen wäre, es hätte mir wahrscheinlich trotzdem gut gefallen. Schon allein die Berührungen, die man dann zugelassen hätte, hätte ich super gefunden. Du würdest das möglicherweise romantisch nennen.

Markus: Hochromantisch – und ganz ohne Weichzeichner. All die herrlichen Gefühle auszuklammern, wäre ein Riesenjammer gewesen.

Caroline: In diesen acht Wochen bis zum ersten Mal ging es die ganze Zeit ums Positionieren – wie bei keinem anderen Mann zuvor. Ich wollte ihm zeigen, dass ich eine junge Mutter bin, die alles im Griff hat, obwohl das überhaupt nicht stimmte. Chaotisch und desorganisiert rannte ich herum, dabei wollte ich diesem scheinbar sehr, sehr unabhängigen Menschen nur beweisen, wie wenig ich ihn nötig hatte. Wenn wir uns trafen, haben wir jedes Mal eine beeindruckende Wochenplanung voreinander ausgeschüttet, und auf diese Weise gaben wir uns als nahezu unnahbare Wesen aus, nach der Devise: «Alles läuft prima, auch allein.» Ich spielte eine Rolle, die ich gar nicht hätte spielen müssen. Ich musste nicht demonstrieren, dass ich allein klarkam. Gott, was habe ich mich stellenweise lächerlich gemacht.

Markus: Das sind die süßen und in diesem Moment total verzeihlichen Dinge. Ich fuhr selber am besten damit, wenn ich dieses ganze Machtgedöns und diesen Spielchenkram einfach ignoriert habe; beispielsweise die Frage, wer wen zuerst anruft.

Caroline: Wenn man seine Grenzen zieht, das ist zumindest meine Erfahrung, hat man immer noch genügend Coolness, ist immer noch interessant genug für den anderen. So krampfig wie bei mir – das war komplett unnötig.

AUF DIE BRUST GETROMMELT: VON PLATZHIRSCHEN UND LUSCHEN

Markus: Hast du den Eindruck, dass Männer keine Ahnung mehr haben, was sie eigentlich wollen?

Caroline: Wenn ich mich so umschaue, könnte man schon auf diese Idee kommen. Ich habe das Gefühl, dass die Kerle leicht verwirrt sind, die Frauen sich deshalb manchmal als die besseren Männer fühlen und es deshalb zu einigen Kollisionen zwischen Männlein und Weiblein kommt – zu einer Art Ausweitung der Kampfzone.

Markus: Das klingt mir zu martialisch. Ich habe das, was sich zwischen Mann und Frau abspielt, nie als Krieg empfunden.

Caroline: Ich finde, es geht da ganz schön ruppig zu. Um nicht wie ein kleines Hühnchen dazustehen, muss man sich ständig durchsetzen. Das kann ziemlich hart sein.

Markus: Aber hängt das ursächlich mit der Tatsache zusammen, dass es zwei Geschlechter gibt? Oder ist es nicht ein Phänomen, das die Gattung Mensch grundsätzlich betrifft?

Caroline: Du kriegst von mir ein klares Nein. Frauen, die mich scheiße behandeln, kann ich einwickeln, kann ich schlau umkrempeln. Außerdem kann ich mit Frauen auch viel besser kommunizieren. Ein Mann hat mich jedoch schon häufiger so an die Wand gedrängt, dass ich mich völlig wehrlos gefühlt habe. In solchen Situationen dachte ich: «Okay, das hier ist jetzt ein Schlachtfeld.» Denn in diesen Momenten fängt man an, zurückzuschlagen. Ein Klassiker ist für mich in diesem Zusammenhang folgende Szene: Ich sitze als Beifahrerin in einem Auto und soll die Straßenkarte lesen. Das kann ich aber nicht besonders gut, wobei ich früher trotzdem immer so getan habe, als würde ich es können. Natürlich ging es jedes Mal schief, weil ich falsche Ansagen gemacht habe. Die Männer haben mich dann angeschrien, und ich kam mir klein und blöd vor. Das empfinde ich als Kriegszustand. Es hat lange gedauert, bis ich mich weigerte, wieder eine Karte in die Hand zu nehmen.

Markus: Aber wenn man von einem Krieg redet, ist es dann nicht notwendigerweise auch so, dass es einen Partner gibt, der gewinnen will?

Caroline: Also, beim Lesen von Straßenkarten war eindeutig der Mann der Gewinner. Er hatte es geschafft, mich so niederzumachen, dass ich mich total bescheuert fühlte. Der Gewinner ist ja der, der sich besser fühlt.

Markus: Sicher, wenn Männer Frauen kleinhalten, dann kann das schon als Kriegszustand bezeichnet werden. Andererseits kann ich aus meiner persönlichen Erfahrung sagen, dass weder meine Freundin noch ich bei einer Konfliktsituation mit geschlechtsspezifischen Waffen kämpfen. Wenn es Stress gab, dann war es einer, den es auch zwischen mir und einem Typen hätte geben können.

Caroline: Das glaube ich nicht.

Markus: Ich hatte nie das Gefühl, dass es ein unfairer Kampf war.

Caroline: Das mag ja stimmen, aber in einer ähnlichen Situation könnte es zwischen dir und einem Mann vollkommen anders enden, wahrscheinlich auch mal in einer handfesten Keilerei – was bei dir, ich sehe es ja ein, wohl weniger wahrscheinlich wäre. Ich weiß nur, dass ich Auseinandersetzungen mit Frauen besser hinkriege, und möglicherweise ist es mir auch weniger wichtig, ob sie mich scheiße finden oder nicht. Wenn ich von Kämpfen spreche, dann meine ich natürlich die Dramen, die sich innerhalb der eigenen vier Wände abspielen. Wenn mich ein Busfahrer anmacht, dann kann ich auch gut zurückpfeffern. Er wird es nicht schaffen, mich kleiner zu machen, das kenne ich nur von Männern, mit denen ich zusammen war.

Markus: «Kampf» ist ein besserer Ausdruck als «Krieg», der immer auch mit Vernichtung zu tun hat, mit Ausradieren. «Kampf» ist für mich eher nachvollziehbar, weil es hierbei um eine geschlechtsspezifische Positionierung geht, bei der Männer ihre Physis ausspielen und Frauen mit subtileren Dingen zurückschießen – und das passiert, ganz klar. Aber letzten Endes merken ja beide, dass sie sich gegenseitig brauchen.

Caroline: Im Optimalfall. Aber wie siehst du das: Ist dieser Kampf für dich auch am Arbeitsplatz spürbar?

Markus: Eher als in einer Beziehung. Obwohl gerade bei MTV eine relative Ausgewogenheit von Männern und Frauen vorherrscht. Die Geschäftsführerin ist eine Frau, der Programmdirekter ein Mann, die Unterprogrammdirektoren für die einzelnen Musiksender sind wieder Frauen, die Producer sind in der Regel Männer. Bei den einzelnen hierarchischen Stufen wechseln sich Frauen und Männer ab.

Caroline: Und du denkst, dass sich das einer ausgedacht hat?

Markus: Ich weiß nicht, es könnte auch Zufall sein. Aber auffällig ist es schon, dass in unserem Konzern viele Frauen in hohen Positionen sind. Und auffällig ist auch, dass es nicht dieses typische Gerangel gibt, wie ich es von Firmen mitbekomme, in denen Freunde und Bekannte von mir arbeiten.

Caroline: Wirklich nicht?

Markus: Noch nie habe ich bei uns Männer sagen hören: «Was soll die inkompetente Alte da?» Und die Frauen verkünden auch nicht laut: «Wir möchten nicht mehr mit Männern zusammenarbeiten, weil die allesamt weinerliche Luschen sind.»

Caroline: Über MTV kann ich nichts sagen, weil ich dort nicht so tief eingestiegen bin, aber bei anderen Arbeitgebern, die ich hatte, habe ich die Erfahrung gemacht, dass ich mich stärker gegen Frauen zur Wehr setzen musste als gegen Männer. Diese waren besser in den Griff zu bekommen.

Markus: Ich habe irgendwo mal gelesen, dass Frauen die Übermacht im Beruf gewinnen könnten. Inzwischen sollen proportional mehr Männer als Frauen arbeitslos sein.

Caroline: Wer will denn nur noch Frauen auf den Fernsehkanälen sehen? Das wäre doch verrückt, das würde keiner machen.

Markus: Auf meiner Fernsehzeitung sind nur Frauen drauf.

Caroline: Wegen der Brüste, das ist der einzige Grund. Im Moment ist überall Mirjam Weichselbraun auf den Titelseiten.

Markus: Wenn man die Zahlen liest, dass Männer zunehmend impotent werden, weniger Arbeit haben als Frauen, seltener Abitur machen, häufiger krank sind, früher einen

Herzinfarkt bekommen, dann kann es einem schon etwas mulmig werden. Doch wenn ich mich in meinem unmittelbaren Umfeld umschaue, aber auch gesamtgesellschaftlich, kann ich keine Anhaltspunkte entdecken, dass diese Zahlen auch wirklich stimmen. Ich kann nicht sagen, ob Männer in psychologischer Hinsicht auf dem Rückzug sind, in Zukunft in eine defensive Rolle geraten und diese auch ein paar Jahrzehnte lang pflegen werden, um sich dann, weil sie sich unterdrückt fühlen, wie die Frauen Ende der 60er Jahre mit einem Befreiungsschlag zu emanzipieren.

Caroline: Die Männer in einer Krise? Das sehe ich auch nicht, da würde ich dir vollkommen recht geben. Ich finde, Männer sind immer noch vielfach schlecht zu Frauen und gebärden sich wie Abkömmlinge von Tarzan.

Markus: Und was ist mit all den Internetbeziehungen? Könnte das ein Indiz dafür sein, dass Männer sich doch nicht mehr wie die tollen Hengste fühlen und sich verunsichert in ihr virtuelles Mauseloch verkriechen?

Caroline: Das hat nichts damit zu tun, dass die Männer vor den vermeintlich starken Frauen davonlaufen. Schuld an diesem Begegnungsboom im Netz ist allein der verdammte technische Fortschritt. Wenn die Menschen sich mehr treffen würden, dann würde es auch mehr Spaß geben. So leben sie alles im Kopf aus, und am Ende sind Pornodarsteller die Einzigen, die noch Sex haben. Aber es gibt noch ein anderes Problem: Es wird uns immer gesagt, wie wichtig es ist, schön zu sein, nicht ultraschön, aber zumindest mittelschön. Aber wenn dann die meisten in den Spiegel gucken, denken sie, dass sie diesem Anspruch nicht genügen können. Und wenn man sich nicht mehr raus traut, um sich zu zeigen, ist es nur eine logische Folge, dass man lieber vor seinem Computer hockt. Die Angst, zurückgewiesen zu werden, ist bei Männern wie Frauen nämlich gleichermaßen groß.

Markus: Ich denke auch, wenn Männer sich zurückziehen, hat das nichts damit zu tun, dass sie sich zunehmend bedrängt und als Verlierer fühlen. Ich würde dir recht geben, es hat mit einer grundsätzlichen Entwicklung zu tun, die zur Isolation der Menschen geführt hat.

Caroline: Vielleicht ist unser Blickwinkel aber nicht korrekt. In deinem wie in meinem Fall bewegen wir uns in einem kleinen elitären Kreis, und möglicherweise sehen wir diese Männer nicht, die ein bisschen Schiss vor den Frauen haben.

Markus: Mag sein. Wenn ein Mann aber solche Statistiken liest, dann …

Caroline: … denkt der: «Gott sei Dank, das betrifft mich nicht.»

Markus: … kann ich mir nicht vorstellen, dass er Panikattacken kriegt. Und wenn die Frauen auf dem Vormarsch sind, dann ist das doch super!

Caroline: Das schon, aber Männer sind auf ihre Art auch empfindsame Wesen.

Markus: Ja, ja. Da der psychologische Druck auf Männer scheinbar in allen Bereichen größer geworden ist, ist es klar, dass dies Auswirkungen auf die Sexualität hat. Die zunehmenden Potenzprobleme rühren sicher daher. Manchmal fehlt einfach die Kraft, um mit einer Frau zu schlafen, und dann weiß der Mann auch, dass Frauen keine Potenzschwierigkeiten und einen viel entspannteren Umgang mit Sex haben als noch vor 20 Jahren. Das kann ein Mann nur schrecklich finden. Wäre eine Frau früher in einen Sexshop gegangen, hätte jeder Typ sofort gedacht, sie sei eine Professionelle. Heute hebt man nicht mal den Kopf, wenn eine Frau in einen solchen Laden hineinspaziert. Für Frauen ist es so easy geworden.

Caroline: Ich habe vor kurzem eine Dokumentation über eine sehr sympathische Domina gesehen, die ihr eigenes Studio hat und sich als Dienstleisterin versteht. Sie selber lässt sich von den Männern, die ihre Dienste beanspruchen, nie anfassen. Diese Frau ist selber eine Unberührbare, die es sich zur Aufgabe gemacht hat, die Jungs auf verschiedenste Art und Weise zu quälen. Aber die wollen das, sonst würden sie nicht bei ihr antanzen. In dem Film meinte die Domina, es wäre für sie total schön, den Männern weh zu tun. Es würde ihr Freude bereiten. Und auf die Frage, ob ihr das Spaß mache, weil sie selber schreckliche Dinge mit dem anderen Geschlecht erlebt hätte und diese jetzt kompensieren müsse, verneinte sie und meinte, das sei einfach so. Männer wären schon immer fies gewesen, jetzt könne sie es ihnen im Namen aller Frauen mit ihrer kleinen Peitsche heimzahlen.

Markus: Mein Denken über Sex hat sich im Laufe der Zeit ein wenig verändert. Als ich vor 23 Jahren damit anfing, gab es nur eines: «So, ich habe jetzt eine Erektion, ich schlafe mit der Frau, alles super.» Seit längerem merke ich, wie wichtig es mir ist, dass die Frau sagt: «Alles super.» Und wenn ich nur ansatzweise das Gefühl habe, sie findet den Sex mit mir eher mittelprächtig, dann werde ich zwar nicht hysterisch, aber ich mache mir schon eine ganz schöne Platte.

Caroline: Ist das so eine Art Leistungsdruck?

Markus: Nicht wirklich, denn physisch bin ich in der gleichen Form, wie ich das seit jeher war. Gott sei Dank. Aber was den Austausch angeht, finde ich, dass man sich als Mann mittlerweile mehr Gedanken machen muss.

Caroline: Als ich mit Sex angefangen habe, da war für mich klar, das ich weder den Zeitpunkt bestimme, wann es damit losgeht, noch was genau passieren wird, noch wie lange es dauern wird, und ob …

Markus: … bei dir am Ende überhaupt was passiert.

Caroline: Ja.

Markus: Siehst du, das ist genau das, was ich meine: Das war alles eher Zufall. Alle Dinge, die du eben genannt hast, sind mir jetzt extrem wichtig. Ich möchte dahinter ein Häkchen machen können. Du bestimmst, wann es losgeht. Du bestimmst, wie lange es dauern wird.

Caroline: Ich kann nicht mit dir ins Bett, Markus.

Markus: Ist ja nur theoretisch. Als Mann kannst du es nicht mehr bringen, dass du alles nach deinen eigenen Vorstellungen bestimmst, die Frauen haben da ein Wörtchen mitzureden.

Caroline: Richtig feinfühlig sind sie geworden, die Männer.

Markus: Letztens hörte ich, wie in einer Bar ein Mann zu einem anderen sagte: «Meine Frau kriegt keinen Orgasmus bei mir, was mache ich falsch?» Vor 20 Jahren hätte der Typ gesagt: «Pfff, mir doch egal, was mit der Alten los ist. Frigide Kuh, schleich dich, um die Ecke wartet die Nächste.» Das kannst du als Mann tatsächlich nicht mehr bringen.

Caroline: Vor allem zeichnet sich sehr deutlich ab, dass viele Männer es toll finden, wenn Frauen die Sache ansatzweise in die Hand nehmen. Sie lassen sich gern verführen und lassen es auch zu, wenn man ihnen Anweisungen gibt, ihnen sagt, was als Nächstes gemacht wird.

Markus: Aber völlig passiv wollen sie bei dieser Angelegenheit auch nicht sein. Sie wollen nicht überrumpelt werden.

Caroline: Wobei ich annehme, dass meine Vermutung eher auf One-Night-Stands zutrifft – wie schon gesagt, ich habe keine großen Erfahrungen damit –, weil dort überfallartiger Sex stattfindet. In einer Beziehung, in der man aufeinander eingeschossen ist und es bestimmte Rituale gibt, merkt man ja, ob der andere beispielsweise jetzt Lust hat oder nicht.

Markus: Aber ich glaube, dass in den meisten Fällen momentan die Frauen die treibende Kraft sind, wenn es darum geht, etwas Neues im Bett auszuprobieren.

Caroline: Tantrasex zum Beispiel wird einzig von den Frauen initiiert. Jeder Mann, der einen entsprechenden Liebeskurs mitmacht, wird von seiner Partnerin dorthin geschleppt. Es ist ein Riesenmarkt, der von Jahr zu Jahr wächst.

Markus: Frauen haben einfach keinen Bock mehr, immer nur unten zu liegen und keinen Orgasmus zu kriegen.

Caroline: Um nochmal auf das Kneipengespräch zurückzukommen: Ich habe übrigens schon öfter gehört, dass Frauen Schwierigkeiten haben, einen Orgasmus zu kriegen. Ich habe aber noch nie verstanden, warum das bei so vielen Frauen nicht funktioniert.

Markus: Weiß ich auch nicht. Unter anderem soll da eine psychische Fehlfunktion vorliegen, die was mit Angst, auch mit Depressionen zu tun hat. Frauen wollen nicht wirklich, dass der Mann sie berührt, sie verkrampfen, und dann ist es auch kein Wunder, dass es weh tut, wenn man miteinander schläft. Gerade junge Frauen sollen darunter leiden, und zwar immer häufiger.

Caroline: Komisch.

Markus: Ich wäre beleidigt, wenn ein Mädchen bei mir keinen Orgasmus hätte und bei einem anderen Mann schon. Da kannst du jetzt ruhig schmunzeln, aber das fände ich nicht gut.

Caroline: In den meisten Fällen kannst du das ja Gott sei Dank nicht so nachvollziehen. Vergleiche beim Sex gehen einem sehr nah und sind auch sehr schmerzhaft.

Markus: Für Frauen auch?

Caroline: Wenn ich mir sagen lassen muss: «Meine frühere Alte hat besser die Wäsche gewaschen als du», dann könnte das noch an mir abprallen, aber wenn der Typ mir zu verstehen gibt: «Weißt du, meine Exfreundin war irgendwie besser im Bett als du», dann würde es mir einen ziemlichen Stich geben.

Markus: Aber wir waren ja bei dem Thema, ob Männer sich angesichts der Statistiken, die anscheinend beweisen wollen, dass wir Typen kränker, mimosenhafter und weniger strapazierfähig sind, momentan verunsichert fühlen. Letztlich sollte man das nicht an die große Glocke hängen. Am besten ist es, man trifft sich in der Mitte, sodass die Frau Frau bleiben kann und der Mann Mann – und keiner hat das Gefühl, der andere wolle ihn übervorteilen. Von diesem Idealzustand, davon bin ich überzeugt, sind wir gar nicht mehr so weit entfernt. In fünf, zehn Jahren könnte er erreicht sein. Und ich sehe nicht, warum das dann in Richtung Frauendominanz kippen sollte. Das würde bedeuten, dass die Frauen ein großes Interesse daran hätten, in Zukunft die Rolle zu spielen, die Männer seit Urzeiten innehatten.

Caroline: Vielleicht ist das gar nicht so in den Köpfen der Frauen; aber die Männer könnten davon ausgehen. Deswegen entwickeln sie schon mal Ängste. Und bei diesen Zahlen würde es mich nicht wundern, wenn sie Muffensausen bekommen. Aber habe ich dir eigentlich schon von der Theorie erzählt, über die ich neulich las? Sie besagt, dass das Arbeitslosenproblem nur darauf zurückzuführen ist, dass sämtliche Frauen, die früher Hausfrauen waren, jetzt auf den Arbeitsmarkt drängen. Mit anderen Worten: Der Mangel an Arbeitsplätzen hat nichts mit wirtschaftlichen Hintergründen zu tun, sondern mit der Tatsache, dass Frauen, die zuvor zu Hause waren, dort nicht mehr länger bleiben wollen. Dieser Gedanke wurde völlig unverblümt geäußert. Man muss sich das nur mal ausmalen: Die Frauen sind es, die das Land in die Krise gestürzt haben, vier Millionen Arbeitslose und mehr haben sie zu verantworten, nur weil sie keinen Bock mehr auf ihren Herd haben.

Markus: Und dann fangen sie auch noch an, abfällig über Männer zu sprechen, und beschimpfen sie als Luschen.

Caroline: Frauen fanden bestimmte Männer schon immer losermäßig.

Markus: Als in den frühen 70ern aus allen Rohren auf Männer gefeuert wurde, war es okay, wenn Männer entsprechend mit «blöde Zicke» antworteten. Und sagen Frauen heute: «Dieser Typ ist der reinste Luschenpenner», dann wollen sie damit nur wieder das Gleichgewicht herstellen.

Caroline: Frauen wollen nicht mehr Opfer männlicher Macht sein; das ist das Einzige, was sie wirklich anstreben.

Markus: Ich versuche, es mal so zu sagen: Männer haben in den letzten 30 Jahren alles, was neue gesellschaftliche Entwicklungen betrifft, ein bisschen verschlafen. Sie haben sich auf ihrer Platzhirschposition ausgeruht, sie haben angenommen, es würde alles weiterlaufen wie bisher, während die Frauen geackert und sich für viele neue Dinge interessiert haben. Männer waren in der Vergangenheit, glaube ich, etwas faul. Hinzu kommt, dass Männer latent zur Selbstaufgabe neigen, wenn es problematisch wird, sie beispielsweise einen Arbeitsplatz verlieren. Für sie scheint es schwieriger zu sein, sich wieder neu zu motivieren, während Frauen aus Katastrophen eher wie

Phönix aus der Asche steigen. Per se sind Männer nicht sehr flexibel. Aber das ist auch verständlich, wenn eine traditionelle Situation aus den Angeln gehoben wird. Bislang hatten Männer ein Leben lang Arbeit, sie wussten, dass sie mit ungefähr 65 Jahren in Rente gehen. Nun ist diese Garantie nicht mehr da, und noch haben sie sich nicht auf die neue Situation einstellen können. Aus diesem Grund wirkt es manchmal so, als wären Frauen besser für die Welt gerüstet. Aber das ist nur ein vorübergehender Zustand.

Caroline: Männer fangen auch immer gleich an, an sich selbst zu zweifeln. In Situationen, in denen Frauen sagen: «Na, das ist aber schlecht gelaufen», wobei sie den Ärger im nächsten Moment vergessen haben, bildet sich bei Männern gern mal ein Verliererkomplex.

Markus: Frauen beherrschen eben das Kosten- und Nutzenprinzip. Ihnen ist klar: Wenn sie nicht nur zu Hause rumhängen, kochen und Kinder kriegen, dann haben sie mehr vom Leben. Und sie sehen keinen Sinn darin, ständig an ein- und demselben Ball zu bleiben. Männer schlumpern einfach rum, verpennen neue Herausforderungen, beanspruchen Rechte für sich, die schon gar nicht mehr selbstverständlich sind.

Caroline: Eine ganze Weile ist das noch niedlich, aber dann sollten sie in die Puschen kommen und allmählich umdenken. Jetzt weiß ich genauer, warum ich ganz am Anfang unserer Gespräche sagte, dass ich heute nicht so gern ein Mann sein möchte. Er weiß einfach nicht, was von ihm erwartet wird. Da begegnet er einer erstarkten Frau, und dann funktioniert das, was immer funktioniert hat, auf einmal nicht mehr. Er begreift, dass diese Frau ja nicht beschützt werden muss; die schafft sich selber ihre goldenen Steine heran und wuppt das Leben. Kein Wunder, dass der Typ jetzt verwirrt ist und nicht weiß, was er machen soll.

Markus: Ich stelle mir gerade eine Extremsituation vor: Die Frauen bleiben ihr ganzes Leben lang alleine und die Männer auch. Ich könnte nicht sagen, wer von den beiden Geschlechtern imstande ist, das besser auf die Reihe zu kriegen. Es klappt eben bestens, wenn man in einer Beziehung ist, in der beide sich darauf geeinigt haben, respektvoll und tolerant miteinander umzugehen. Ich komme immer wieder zu diesem Schluss.

Caroline: Ich überlege gerade, was eine Frau machen kann, wenn der Mann nicht damit klarkommt, dass die Frau in dieser Beziehung beispielsweise auf einmal mehr verdient. Wäre der Mann zufrieden, dann würde er nicht an der Frau herumpopeln – ich habe aber den Verdacht, dass es in den meisten Beziehungen, in denen dies der Fall ist, nicht ganz reibungslos abgeht. Ich habe auch immer mal wieder mehr Kohle nach Hause gebracht; für den Mann ist das nicht besonders cool. Als Frau kannst du eigentlich nur darauf warten, dass sich das irgendwann einmal wieder ändert.

Markus: Aber was haben Männer gemacht, als sie mehr verdienten?

Caroline: Nichts, es war vollkommen selbstverständlich. Aber ein arbeitsloser Mann, wenn er nicht gerade Kiffer oder Buddhist ist, der leidet doch viel mehr darunter, wenn er zu Hause bleiben muss als eine Frau, die keinen Job hat.

Markus: Vielleicht sollten Frauen in solchen Situationen nicht noch extra aufs Machtpedal treten, wie es die Männer in vergleichbaren Situationen gemacht haben.

Caroline: Und man sollte ihnen dann, was ich schon mal erwähnte, viele Gelegenheiten geben, die eigene Männlichkeit unter Beweis zu stellen. Man lässt sie viel bauen, sodass sie sich wie ein Gorilla auf die Brust schlagen können.

Markus: Wie lange findet eine selbstbewusste Frau einen solchen Typen attraktiv?

Caroline: Bei diesem Modell habe ich Liebe vorausgesetzt. Die Frau mag schon den ganzen Mann.

Markus: Okay. Aber wie lang wird es dauern, bis die Liebe zu bröckeln anfängt?

Caroline: Pfff, das kommt auf den Mann an, wie cool er mit der Situation umgeht. Es geht ja nicht darum, dass er sich tierisch dreht und wendet, um mit einem Superjob aufzuwarten, in dem er massig Geld verdient. Man will doch nur, dass der Mann anerkennt, dass die Alte gerade in der Poleposition ist.

Markus: Eines darf nicht vergessen werden. Neigen sehr erfolgreiche und starke Männer nicht dazu, sich …

Caroline: … kleine und schwächliche Frauen zu halten?

Markus: … etwas zur Zierde zu holen, etwas, das sie leicht beherrschen können.

Caroline: Anders sieht es bei Frau Lehmann aus.

Markus: Wer ist Frau Lehmann?

Caroline: Na, die Frau von Jens Lehmann. Während der Bambi-Verleihung im Dezember 2006 nahm sie dieses goldene Kitz anstelle ihres Mannes mit den Worten an: «Ich bin's, Frau Lehmann.» Ach Gott, war die süß, das Herz ist mir da aufgegangen. Der Jens Lehmann ist doch ein Fuchs, dass er eine so humorvolle Alte zu Hause sitzen hat. «Ich bin's, Frau Lehmann» – diese Aussage spricht für mich Bände. Für mich heißt das, wobei ich jetzt natürlich mutmaße: «Es ist völlig egal, was ich tue, ich bin's eben, Frau Lehmann.» Wahrscheinlich hat sie keine große Karriere gemacht, aber für sie ist es Karriere genug, die Frau von Herrn Lehmann zu sein. Sie vermittelte jedenfalls einen vollkommen zufriedenen Eindruck. Ganz Deutschland war auf einen Schlag in sie verknallt. Das schaffst du aber auch nur, wenn du deine eigene Mitte gefunden hast und ausgeglichen bist. Und das ist eine Leistung. Denn speziell beim Fußball wird den Männern nahegelegt, relativ früh zu heiraten, um die Schäfchen – oder Schätzchen – im Trockenen zu haben. Die Jungs sollen sich ja auf ihren anstrengenden Job konzentrieren können. Du hast auf diesem Gebiet mehr Ahnung, wie ist es bei Sebastian Deisler?

Markus: Der ist verheiratet.

Caroline: Schade. In vielen Firmen sieht man es ebenfalls gern, wenn die männlichen Mitarbeiter in den höheren Positionen unter der Haube sind und ein, zwei Kinder machen. Und dazu sind wiederum Frauen nötig, die dieses Modell unterstützen, die ganz genau wissen, was sie da tun, die sagen: «Okay, mein Mann schafft die Millionen ran, und einer muss ihm aus diesem Grund den Rücken stärken. Und das bin ich.» Diese Frauen dürfen nicht auf die Idee kommen, jetzt mal ausbrechen zu wollen. Macht eine Fußballerfrau das dennoch, und der Mann spielt daraufhin miserabel, dann ist im Zweifelsfall die ganze Nation wütend auf diese Person. Jeder würde sich fragen, warum die Tusse denn gerade jetzt ausrasten muss, wo wichtige Spiele anstehen. Die sollen doch ihren Mann möglichst ordentlich pampern.

Markus: Stimmt, der Druck, der auf einer Fußballerehefrau lastet, ist enorm hoch. Ein Eigenleben dürfen sie nicht führen.

Caroline: So ist es. Übrigens, bevor ich es vergesse: Sehr erfolgreiche Frauen, die Interesse an der Weltherrschaft haben, sind da nicht anders. Sie halten sich kleine, verschwächlichte Männer.

Markus: Echt? Ich dachte, dass sie eher Wert darauf legen würden, einen entsprechend selbstbewussten Typen an ihrer Seite vorzeigen zu können. Man braucht sich nur Frau Christiansen anzugucken – oder Nina Ruge.

Caroline: Die Ruge hat aber für ihren Mann ihren Moderatorinnenjob aufgegeben. Kein Fernsehen mehr, weil die Liebe so groß ist.

Markus: Klingt doch schön. Egal, es gibt Wichtigeres. Ich überlege gerade, wer mir als Powerpaar sympathisch ist. Aus der älteren Generation fallen mir die Schauspieler Nadja Tiller und Walter Giller ein, aus der jüngeren Jan Josef Liefers und Anna Loos. Aber solche Konstellationen gibt es nicht oft. Es ist schon spannend, herauszufinden, warum sich eine Frau einen ganz bestimmten Typen aussucht – und natürlich auch umgekehrt. Und ab wann man sich eine Wohnung teilt. Du bist ja auch sehr bald mit deinem Freund zusammengezogen.

Caroline: Das habe ich gemacht, weil meine alte Wohnung scheiße war.

Markus: Fandest du das wagemutig?

Caroline: Nö. Ich fand ihn cool, war verknallt in ihn, und ich wollte mehr Zeit mit ihm verbringen. Also hab ich es einfach mal gemacht. Ich dachte zudem, dass alles zwischen uns noch besser laufen würde. Es hat sich dann auch herausgestellt, dass es tatsächlich so war, wie wir vermutet hatten. Eigentlich war es verrückt, dass ich ohne zu zögern einem Zusammenleben zugestimmt habe, mit allem, was dazugehört.

Markus: Und das ziemlich jung.

Caroline: Relativ jung. Vor kurzem kaufte ich gemeinsam mit ihm eine Küche. In diesem Moment habe ich unsere Beziehung nochmals bejaht. Als die Möbel angeliefert wurden, dachte ich: «Alte, jetzt hast du dir mit diesem Mann eine Küche ausgesucht, das ist total abgefahren.» Ich hätte das als etwas Negatives ansehen können, dass da einer eine Schlinge um meinen Hals gelegt hat und diese nun immer enger zieht, aber so empfand ich das nicht. Ich merkte, dass ich sehr gern ja sage, letztlich auch zu einer Küche und einem gemeinsamen Kind.

Markus: Bevor ich meine Freundin kennenlernte, verkündete ich überall, dass ich überhaupt keine Lust mehr hätte, mit einer Frau eine Wohnung zu teilen, es sei denn, es wäre so ernsthaft, dass man über Heirat, Kinder und Familie nachdenken würde. Folglich suchte ich mir ein Domizil, in dem es nahezu unmöglich ist, zu zweit zu leben. Es besteht im Grunde aus nur einem Raum. Und was passiert? Ich treffe ein Mädchen, und drei Monate später zieht sie bei mir ein. Seit anderthalb Jahren leben wir jetzt in dieser Ein-Zimmer-Wohnung, und es ist super.

Caroline: Muss man da immer die Augen zumachen, wenn einer aufs Klo geht?

Markus: Die Badezimmertür kann man schon abschließen. Aber es gibt keinen Rückzugsbereich, kein weiteres Zimmer, in das man gehen kann.

Caroline: Das würde bei mir nicht funktionieren. Hast du so eine Art Atelier?

Markus: Ja, ein Loft. In dem steht in der einen Ecke ein Bett, in einer anderen ist die Küche, in einer dritten befindet sich die Couch.

Caroline: Abgefahren. Da muss aber viel Liebe im Spiel sein.

Markus: Ja.

Caroline: Und was machst du, wenn deine Freundin mal Mädchenbesuch bekommt?

Markus: Welche Mädchen?

Caroline: Na, Mädchen von deiner Freundin, die hereinschneien, um über Nagellack und Tupperware zu reden. Du kannst dich ja nicht einfach in ein Nebenzimmer verziehen.

Markus: Ich stehe dann an meinem Plattenspieler und höre mir neue Platten an oder …

Caroline: … mit einem Kopfhörer?

Markus: Klar, mit Kopfhörer. Und wenn meine Jungsfreunde kommen, um mit mir ein Champions-League-Spiel anzugucken, dann sind meist auch noch zwei, drei Freundinnen von ihr dabei, die mit ihr kochen.

Caroline: Ehrlich? Wie schön. Da haben wir ja das gute, alte Rollenmodell. Ihr Jungs lacht bestimmt über die Situation, findet es witzig, dass die Frauen kochen und die Männer Fußball schauen.

Markus: Das gibt vielleicht die eine oder andere Bemerkung, aber die Frauen sind nicht weniger interessiert. Sie wollen ständig wissen, wie es gerade für die beiden jeweils spielenden Mannschaften steht. In der Pause isst man zusammen, und danach bleiben die Mädchen vielleicht im Küchenbereich und plaudern, während wir Jungs weiter vorm Fernseher herumprollen.

Caroline: Hm.

Markus: Dies klappt reibungslos, ohne dass auf den typischen Klischees herumgeritten wird.

Caroline: Darf ich mal fragen, auf wie viel Quadratmetern sich das alles abspielt?

Markus: 100.

Caroline: Nur? Da kann ich mich nur wiederholen, da muss viel Liebe im Spiel sein. So eine Konstellation, das ist typisch Liebe.

Markus: Was für Eigenschaften muss der Mann haben, damit du mit ihm zusammenleben kannst?

Caroline: Er muss ein eigener Charakter sein, das ist mir am allerwichtigsten. Damit meine ich, dass er einen Plan haben muss, der unabhängig von mir funktioniert. Das kann sein Beruf sein, ein bestimmtes Hobby, es muss jedenfalls irgendwas sein, wo ich nicht mitmachen muss.

Markus: Das ist auch auf meiner Liste. Ich muss zuallererst das Gefühl haben, dass sich eine Frau nicht nach mir ausrichtet, sich nicht an dem orientiert, was ich tue, sondern ihr Ding durchzieht. Und ganz vorne stehen bei mir Esprit, Humor und Intelligenz.

Caroline: Ich finde Intelligenz auch nicht schlecht. Andererseits mag ich es, wenn ein Mann fühlt, was ich brauche, oder wenn er schnallt, was für mich gerade wichtig ist. Und wenn es dann passiert, ohne dass ich was sagen muss, das ist für mich das höchste Glück.

Markus: Ich muss ebenfalls spüren, dass meine Frau ein Support für mich ist, also dass ich nicht immer Vollgas geben muss. Ich will auch mal eine Auszeit haben, auch mal

Schwäche zeigen können, ohne dass dies gleich gegen mich verwendet wird.

Caroline: Das unterschreibe ich und kaufe fünf.

Markus: Da ich aber zugleich ein Ästhet bin, ist es mir wichtig, dass mein Mädchen hübsch aussieht, wobei ich nicht nur eine äußere Schönheit meine. Ich finde es toll, wenn eine Frau strahlt, wenn ihre Augen leuchten.

Caroline: Ein Grauen sind für mich Männer, die needy sind, Männer, die superviel Bestätigung nötig haben, weil es ihnen an Selbstbewusstsein mangelt. Diese Typen laufen die ganze Zeit hinter dir her und müssen unentwegt ihre Liebe einsammeln, damit sie sich wie Helden fühlen. Diese Kerle merken nach einer Weile nicht, dass man keine Lust mehr hat, ihnen vorzumachen, wie geil sie sind, nur um ihr blödes Selbstwertkonto wieder aufzufüllen. Also, wenn mir einer ein Essen zubereitet und es nicht gerade total scheiße schmeckt, dann bin ich schon bereit, Komplimente zu machen. Immerhin hat sich der Typ Mühe gegeben, das kann man nicht einfach ignorieren.

Mir fällt gerade eine Situation ein, nicht lange her, da war ich bei meiner Mutter. Es gab Abendbrot, meine Mutter hatte einen Auflauf gemacht. Beim Essen sagte ihr Mann: «Sabine, das schmeckt mir nicht.» Meiner Mutter blieb fast der Bissen im Hals stecken. «Was?», fragte sie. Und er wiederholte: «Du weißt, ich sage das nicht oft, aber diesen Auflauf mag ich überhaupt nicht.» In diesem Moment dachte ich nur: «Wie kann der Mann es wagen, meiner Mutter an den Kopf zu werfen, dass es ihm nicht schmeckt!» Auf der anderen Seite fand ich es klasse, dass er den Mund aufmachte. Auf diese Weise kann sich meine Mutter sicher sein, dass es ihm, wenn er was anderes isst und keine negative Bemerkung macht, auch wirklich geschmeckt hat.

Markus: Eine gewisse soziale Kompetenz ist mir bei einer Frau noch wichtig. Wenn ich mit ihr irgendwohin gehe, dann möchte ich das als Team. Ich finde es schwierig, wenn sie entweder mauerblümchenmäßig herumsteht oder wenn sie dieses vermeintliche Mauerblümchendasein dadurch kompensiert, dass sie nonstop mit anderen Typen rumschäkert, um sich dadurch einen Selbstbewusstseinsschub zu verpassen. Ich finde es nicht sehr angenehm, wenn sie permanent checkt, welcher Typ da in gewissen Lebenslagen mehr auf dem Kasten hat als ich. Ich mag das Gefühl schon ganz gern, dass ich die Nummer eins bin, dass ich im Komplettpaket gemocht werde – und das haben nicht alle Frauen drauf. Verbindlichkeit schätze ich sehr, und Ehrlichkeit. Dies mag ich generell bei Menschen, aber besonders bei Frauen.

Caroline: Ich glaube, wir beide mögen Menschen, die sich selber gern leiden können, egal, welches Geschlecht sie haben.

Markus: Ich find's auch gut, wenn Frauen ein unkompliziertes Verhältnis zu ihrem Körper haben. Sich nicht anstellen.

Caroline: Die nicht immer das Licht ausmachen müssen, meinst du das?

Markus: Ja, die wegen Sex nicht jedes Mal so ein Riesenfass aufmachen.

Caroline: Ich finde es ziemlich anziehend, wenn mein Typ was bauen kann. Er ist gelernter Heizungsmonteur, der weiß alles, was handwerkliche Dinge betrifft. Der kennt den Namen von jedem Verbindungsstück. Letztens ging es bei uns um so ein fehlendes Ding zwischen Wand und Wasserhahn. Mein Freund stand da und sagte: «Gut, wir brauchen noch ein paar Trapse.» Und ich war echt beeindruckt. Er weiß das. Er kann auch alleine seine Autoreifen wechseln, und zwar ohne sich hinterher auf die Brust zu klopfen. Für ihn ist es vollkommen normal, dies zu können. Und wenn am Auto was nicht stimmt, dann hat er meist auch eine Ahnung, was es sein könnte und wo man das, was kaputtgegangen ist, wieder besorgen kann.

Markus: Schon toll, wenn Frauen das zu schätzen wissen. Entsprechend mag ich es, wenn meine Freundin Eigenschaften hat, die ich bezaubernd finden kann. Wenn sie etwa Lust hat, sich ein bisschen anzumalen, oder wenn sie sich einen Prinzessinnenfilm anguckt. Dann schaue ich nämlich nicht auf den Fernseher, sondern auf mein Mädchen.

Caroline: Da sieht der Markus sein Mädchen an, wenn die Prinzessinnenfilme guckt.

Markus: In jüngeren Jahren hat meine Freundin *Prinzessin Fantaghiro* auf Sat.1 gesehen, und irgendwann erwähnte sie, dass sie sich die einzelnen Episoden mal gern wieder anschauen würde, hoffentlich würden sie bald wiederholt werden.

Caroline: Und dann hast du den Senderchef angerufen.

Markus: Ich habe bei Sat1 nachgefragt, ob eine Wiederholung geplant sei. Mir wurde gesagt, dies sei nicht geplant, aber es gäbe eine Box mit fünf DVDs. Ich habe meiner Freundin diese Box besorgt, und in drei Nächten hat sie sich alle zehn Folgen angesehen.

Caroline: Und war total begeistert.

Markus: Ja, und ich war auch begeistert.

Caroline: Ich schätze es sehr, wenn Männer Mädchensachen nicht doof finden. Solche Dinge machen einfach Spaß. Kennst du *Fette*-Masken?

Markus: Nee.

Caroline: Die gibt's nur in der Apotheke, sie sind die Königinnen unter den Schönheitsmasken. Hin und wieder mache ich mit einigen Mädels *Fette*-Sessions, und wir schmieren uns das Zeug aufs Gesicht. Und wenn wir deswegen nicht von unseren Typen angemacht werden, kein Augenrollen kassieren oder irgendwelche bescheuerten Sprüche, wenn wir also unsere *Fette*-Lust ausleben können, dann ist das geil. Würde mein Mann uns für bekloppt halten, dann wäre das auch nicht weiter schlimm, ich würde den Quatsch trotzdem machen. Aber schöner ist es, wenn er es gut findet.

Markus: Weißt du, was lustig ist? All das, was wir bislang aufgezählt haben, mit einigen Ausnahmen vielleicht, sind Indizien dafür, dass wir noch sehr in unseren traditionellen Geschlechterrollen verhaftet sind.

Caroline: Das hatten wir doch auch ganz am Anfang unserer Gespräche festgestellt. Da schließt sich der Kreis wieder.

Markus: Dennoch erscheinen in diesem Zusammenhang Überlegungen, die wir vorhin angestellt haben, seltsam absurd. Beispielsweise die Frage, ob das starke Geschlecht sich unterdrückt fühlt und allmählich psychische Probleme kriegt, weil Frauen immer mehr in die Männerdomänen drängen. Also, wenn es nach uns ginge, dann wäre alles klar. Dann müsste keiner Angst haben. Dann wäre alles super. Frauen finden Männer toll, wenn sie Reifen wechseln, und Männer finden es toll, wenn Frauen Prinzessinnenfilme angucken. Und wenn eine Frau arbeiten geht und andere Dinge glorreich wuppt, dann muss deswegen keine Welle gemacht werden.

Caroline: Auf den Ausgleich kommt es an. Würde eine erfolgreiche Frau keine Prinzessinnenfilme gucken, dann wäre sie einem Kerl aller Wahrscheinlichkeit nach suspekt.

Markus: Ein erfolgreicher Typ, der dich den Reifen wechseln lässt, weil er das nicht auf die Kette kriegt, wäre auch komisch.

Caroline: So einen lerne ich gar nicht erst kennen. Der fällt total durch mein Raster. Ich habe da ein ganz anderes Beuteschema. Der vorige Freund war im Holzzuschnitt tätig.

Markus: Eine ganz toughe Alte hatte ich auch noch nicht zur Freundin. Aber ich glaube, dass ich vor zehn Jahren noch nicht in der Lage gewesen wäre, eine solche Beziehung wie meine jetzige zu führen. Ich wäre in meinem Denken noch nicht so weit gewesen, die Frauen auch nicht. Es ist eine Beziehung, die absolut auf Augenhöhe ist, bei der man keine Panikattacken bekommen muss, falls man ausgestochen wird. Von mir aus könnte es immer so bleiben, das mit den Männern und den Frauen. Ich finde das im Moment gut.

Caroline: Fast ist es unheimlich, dass wir beide so ähnlich denken. Hätten wir uns nicht viel mehr streiten müssen?

DANK

Zuallererst möchte ich Sara danken – der schönsten Frau der Welt, innen wie außen. Wenn ich sie nicht getroffen hätte, wäre dieses Buch weitaus weniger optimistisch ausgefallen. Sie ist es, die mir den Glauben an die Liebe zurückgegeben hat.

Danken möchte ich auch meinen Eltern, die mir seit vierzig Jahren vorleben, wie gut das alles funktionieren kann zwischen Mann und Frau.

Dank auch an Barbara, die geistige Mutter dieses Projekts, sowie Regina, unsere hinreißende Lektorin, die bei den Gesprächen stets zugegen war, Impulse gab, wenn der Dialog stockte, Struktur in das Ganze brachte und nicht zuletzt unsere teils dadaistischen Ausführungen auf sehr feinsinnige Art und Weise in reines, verständliches Deutsch übertrug.

Mein Dank gilt außerdem Ansa und Boris. Ohne die würde nämlich gar nichts gehen. Supertypen, die beiden.

Danken möchte ich allen, die dieses Buch mit auf den Weg gebracht und es trotz Schwangerschaft und Launenhaftigkeit mit mir ausgehalten haben.

Ich danke meinem Mann.
Mann, bist du ein toller Mann!